Voces de mi silencio

Voces de mi silencio

ISRAEL GIURDA

QUO VADIS
EDICIONES

Giurda , Israel
    Voces de mi silencio / Israel Giurda. - 2a ed. - Mayu Súmaj: Quo Vadis Ediciones
Visionarias, 2020.
    248 p.; 21 x 15 cm.

    ISBN 978-987-4996-17-6

    1. Poesía Argentina Contemporánea. I. Título.
    CDD A861

Ilustraciones: Regina Almendra Gibilisco (reginalmendra@gmail.com)

Corrección ortográfica: Paula Hassanie

Los lectores que deseen intercambiar sus opiniones y vivencias
o aportar datos de relevancia, podrán enviar sus mensajes a la dirección
de correo electrónico del autor: **curditachico@gmail.com**

© QUO VADIS EDICIONES
Director: José Oviedo Oller

Los Abedules 1 - Tel.: (03541)15622704 - 496196
(5153) Mayu Sumaj - Córdoba - Argentina
Email: quovadisediciones@hotmail.com
Facebook: Quo Vadis Ediciones

Queda hecho el depósito que marca la ley 11.723

ISBN 978-987-4996-17-6

Segunda edición. Impreso por Amazon.

Creo que lo que pienso ya fue pensado. Que lo que creo ya fue creado, que lo que digo ya ha sido dicho de alguna u otra manera. Que lo que he escrito solo ha sido una manifestación de una inteligencia mayor que nuestra lógica y limitación verbal, literaria y materialmente humana.

Isra

Agradezco a la esencia de todas las cosas por ponerme a vivir
esta experiencia magnífica de poder escribir
y publicar este libro; y a vos, lector, por permitirte ser parte
de esta aventura de leerlo y así poder conocernos
un poco más y trascender juntos.
Agradezco infinitamente a mi amiga y compañera Almendra
por su amor y apoyo incondicional a mí y a lo que hago.
Por su voluntad de querer participar y manifestar
visualmente los escritos de este libro, atreviéndose a
interpretar, dibujar y opinar constructivamente.
Agradezco a todas esas personas que existen y me apoyan de
muchas maneras diversas, sin importar el tiempo y la distancia, sin ningún interés más que el de regalar cariño y amor.
Ellos son mis amigos y familias.
Agradecido infinitamente a José Oviedo Oller, el editor, por
la paciencia y la confianza. Y por ser puente para
que esto hoy esté en tus manos, parte importantísima
de esta manifestación.
Agradezco a esas personas que fueron musas inspiradoras,
aun sin que ellas lo supieran en el momento.

Gracias por leer y compartirlo.

Introducción

Aunque mis palabras sean intensas, repetitivas, algunas ideas cambiantes y poco definidas, dentro de mí hay una razón elocuente y concreta.

La única forma que encuentro de poder entender toda esta complejidad de mi búsqueda es aceptando mis propios miedos e inseguridades y enfrentándolos sin resistencia, para no quedarme con lo que fue y poder ver lo que para mí es.

Lo que habita y ha habitado en mi corazón se transforma en palabras y hoy suelto el sentimiento para que emerja.

Mi espíritu es libre, aunque la cabeza llena de inseguridades y miedos quiera limitarlo por un sinfín de pretextos que trata de encontrar.

Entiendo que la única forma de no vivir la dicha es escapando de la realidad creada, tratando de distraerme de lo que tanto miedo me da, tratando de llenar el vacío que con nada se llena más que con lo que para mí es real y existe en mi propia eternidad. Así me doy cuenta de que no hay nada y que solo somos un canal de una indefinible divinidad.

Puedo elegir dejar de pensar en lo que fue, entregarme a lo que es e ir por los caminos de la gracia que nos llevan a los sinfines del aprendizaje.

El Amor no se encuentra en nadie ni en nada, es un estado que de su propio caudal nace. Solo lo podemos hallar en la magnificencia de la existencia, en la cual no existen las diferencias jerárquicas, religiosas y sociales.

Lo podemos ver con los ojos cerrados y abiertos, te da el aliento y te saca el suspiro, podés palparlo sin manos. Es que la función de las manos en este caso solo es de dar (caricias, alimento, cobijo, etc.). No se escucha sino en la voz del profundo silencio, en el sentir y en las intenciones de las palabras, en el retumbe y en el tambor.

No tiene formas definitivas, por lo tanto, no habita solo por fuera; vive por dentro, solo dando sin la espera de estar recibiendo.

No busco palabras raras y complejidad dentro del entendimiento, solo claridad dentro de lo abstracto, que vibra en el misterio de mi existencia.

Voy a citar versos de sueños etéreos, que se complementan en un punto, como lo somos vos y yo, volviéndonos palabras llenas de silencios, cuerpos efímeros direccionados hacia una misma e inevitable dirección: el nacimiento, la elección, la muerte y la trascendencia...

Isra

Estoy encontrando verdades en cosas que creía mentiras,
y volviendo realidades algunas fantasías,
como cuando un niño era y contaba las estrellas,
convencido de que numeraba por orden cada una de ellas.

Principios

Hay algo muy grande dentro mío
que no puedo solo con palabras explicar.
Como un grito, pero no desgarrado y afónico,
sino sonante y penetrante
como del bombo legüero el golpear,
que llega a la raíz madre del pecho
haciendo las entrañas vibrar.
Hoy es un momento en que quiero pintar
en letras el papel
y dejar de hacerme el desentendido,
sin tanta vuelta plasmar todo mi parecer.
Estoy encontrando verdades en cosas que creía mentiras,
y volviendo realidades algunas fantasías,
como cuando un niño era y contaba las estrellas,
convencido de que numeraba por orden cada una de ellas.
Ahora vivo cosas que en mi inocencia negaba,
porfiando a lo chancho atado que quiere escapar,
porque sabe que a la verdad va.
Me di cuenta de que cuando uno busca una verdad
y la encuentra,
no la suelta,

sino que se la guarda,

pero cuando esta se escapa se arma el revoltijo.

La verdad duele y enoja,

¿por qué he de negar esta realidad dicha?

Voy caminando y encontrando pedazos de muchas historias

y armando de a poco la mía,

freno frente al muelle en que estaciona

el barco de mi ayer

y donde se va hacia la mar ínfima

junto al atardecer.

Esa mar que es tan grande

que en los ojos no puede caber

y cuyo límite es tan sensible, frágil y escurridizo

como la arena.

Con el sinfín de las palabras dichas,

lograré ver qué hay detrás de mi propio misterio

y lo compartiré.

Pisco, Perú
Entre junio y julio de 2015

En el mar de mi interior

Navegando en el inmerso mar de mi interior, me encontré con islas y témpanos.

Las islas son esas ideas en las cuales naufrago y encuentro alivio, porque en ellas hay frutos que me alimentan, dándoles fuerza a mi alma y a mi cuerpo.

Los témpanos son aquellas frías realidades que uno nunca sabe que aparecen en el camino extenso y profundo que tiene el andar.

Cuando voy navegando sin saber adónde parar, las gaviotas son las que me indican si es conveniente seguir o frenar. Ellas son las indicadoras: revelan dónde puedo pisar firme y encontrar vida. Por más que yo no tenga certeza de la distancia, ellas me muestran que es allí donde algo seguro hay.

Los delfines son mis sueños, que juegan frente a mi marcha, y son tan bellos, alcanzables, tan sabios... Están atentos para que un depredador no los alcance.

En las noches las estrellas me aconsejan, dejándome apagado por un largo rato, como fogón cuando ya no se le arrima leña, viendo mi realidad y vivenciando la sorpresa.

Las tormentas me atemorizan por su grandeza, haciéndome sentir su potente fuerza. No me queda otra que estar en ella y aceptarla, esperando que sea lo que sea, porque mi pasado ya no es, mi futuro no existe aún, solo me queda el presente.

Por más que luche, ¿quién puede contra tal fuerza? Al fin el trofeo es mi corazón, mi cabeza. Yo por ahora no los quiero perder.

Sin ellos no puedo ver el horizonte y aún menos visualizar lo que este esconde.

Hay credos que son el sentido de mi existencia y hay vivencias que forjaron mi credo.

Colonia Prosperidad, Córdoba, Argentina

2017

Inmensa soledad

Veo caer el gigante sol
y me llena de emoción.
Pinta las nubes y el cielo,
los campos de color.

Inty se oculta
al fondo del horizonte
cayendo la tarde,
se asoma la noche.

Las aves dejan su cantar,
las chicharras toman su lugar,
las melodías sonantes,
hacen mi piel erizar.

El eco en el silencio,
hace mis ojos cerrar,
la musa bailar,
la brisa cantar.

Me envuelve el placer,

placer de soledad
en el molino ya no hay agua,
nadie ha de pasar por acá.

Se escucha el balar de las vacas
desde este punto aún veo,
el polvo del camino
elevado por el arreo.

El día ya desapareció,
a campo abierto estoy,
transformarme en estas coplas
en mi sentir solo soy.

Colonia Prosperidad, Córdoba, Argentina
2009

Presente perfectible

¿En qué me he convertido hoy?

En un rey sin corona,
en un gaucho sin estribos,
en una patria sin fronteras
y en un espíritu de albedrío.

¿Qué fue de mi ayer?

Un presente perfectible,
un soñar constante,
y un recuerdo eterno.

¿Cuál es mi presente?

Tu ayer renaciendo en los instantes,
muriendo al término de cada acción
en busca de un futuro inaudito.

¿Dónde estoy?

Entre tu ayer y tu futuro,
en el recuerdo del etéreo sueño
y en el amanecer de cada adiós.

San Francisco, Córdoba, Argentina
Diciembre 25 de 2017

Preguntas y más preguntas...

¿Qué hay de mí y de ese incógnito recoveco
que flota en lo insípido del alma?
¿Que hay en la insensatez de los hombres
al decir palabras sin sentido,
cuando tratan de predecir el destino?
¿Qué es lo divino?
Si existe, ¿que hay en él?
¿Se podrá saber?
¿Será eso que no se puede ver,
pero se cumple en cada quietud y movimiento?
¿Será esa incógnita que da respuesta
con saberes de su propia verdad?
¿Será la verdad ese hecho que se cumple
en una acción que vemos
y nadie puede doblegar?

Si el viento sopla
y por más que nos refugiemos
él sigue igual.
Si el frío hiela
aunque el fuego esté.

Si el sol alumbra
y cuando este se va
la luna llega
y por más que las nubes la cubran
en el cielo sigue igual...

¿Será la vida algo más que el solo hecho de transitar?
¿Quién es capaz de dejar huellas en el camino
si solo se espera que pase un caminante
y llene los oídos de palabreríos con su experiencia?

¿Cómo lograr reflexionar sin tener que pensar?
¿Cómo sentir el placer del amor sin entregarlo y sin recibirlo?
¿Cómo disfrutar de la compañía sin sentir antes la realidad
de la soledad?
¿Cómo lograr ser valiente sin enfrentar los miedos?
¿Cómo saber qué es lo incondicional
sin tener el amor de un amigo?
¿Cómo entender la libertad sin tener límites?
¿Cómo responder tantas preguntas sin haberlas compartido?

Humahuaca, Salta, Argentina
Marzo de 2015

En la oscuridad

En la oscuridad, envuelto con tumulto de estrellas. Brillan las
flamantes cuerdas entre la lobreguez del lucero y los cantos eternos suenan como murmullos, girando en torno a mis sentidos.

Veo la luz y destello suspiros
y al cerrar mis ojos fluyo en versos.
Aunque yo no quiera que se conviertan en poesía,
¿qué más puedo hacer si soy instrumento de ella misma?
Mis empeines tiemblan y vibran las rodillas,
por el rocío de la noche, iluminada y fría.
Mi garganta se anuda por algunas realidades del día a día
y no quiero gritar, porque no me oye y no me mira.
En este instante mi cabeza es un remolino
que gira bailando entre los montes silentes de mi conciencia,
que solo arrasa lo que no cuenta,
arrancando con ello toda especulación
por más arraigada que se crea.
Se vuelve desacierto tratar de cambiar el destino
y no se saciará la sed por más llanto que beba.
Ya no quiero llevar una carga tan pesada.
Mejor he de parar y ver qué hay por dentro,

a pesar de que lo que haya me dé un poco de miedo.
Cuando ya no me sirva, quitaré lo que genera ese peso.
Tendré que subir la cuesta de mis valores,
afrontando los tormentos de mis ideales,
para llegar a puertos para embarcarme.
Navegaré por los mil mares,
naufragaré o encallaré en islas de flores.
Cerraré los ojos y perderé la brújula,
caminaré mirando para adentro,
dejándome arrastrar por la corriente del viento.
Me olvidaré de lo que era y viviré sin tiempo.

Colonia Prosperidad, Córdoba, Argentina
2011

Qué difícil...

Por momentos se me hace difícil comprender
y asumir la voluntad divina,
esa que trecha mi camino y, por más que quiera,
no puedo cambiar.
¿Será que su nombre es de muchas maneras,
Dios, azar, suerte, destino?
Si quiero entenderla tendré que enfrentar la magnitud
de las diversas realidades.
Ese destino inquebrantable creo que ni la ciencia
lo puede explicar,
aunque lo trate de muchas formas y maneras.

¿Qué será? Si uno cree en esto,
¿por qué asusta cuando sucede
y al momento en que es un hecho cuesta tomarlo?
Tantas preguntas que yo me hago.
Siento que el dolor es una acción concreta
y una palabra coherente.
Solo lo vive así quien lo siente, pero,
¿cómo llegar a crecer sin este?
La incertidumbre camina de la mano con el dolor

y lo tendré que asumir,
cueste lo que cueste.
Andar, ¿es caminar viviendo todo este conjunto inevitable
que conforma mi realidad?
¿Mi verdad será lo que late y corre por mis venas
llevándome al lugar que finaliza en mi realidad,
esta que con tinta decidí trazar?
¿Hasta cuándo seguirá esta duda?
Trataré de buscar alguna otra senda y vislumbrar mi acción.
Qué empalagante y espeso se vuelve el sentir del corazón
en instantes y, aun así, ¿quién lo puede evadir?
Suele doler como espina de cactus y se hace sentir.

Amar, soñar, volar, crecer, llorar y reír,
es tan claro que no lo logro emitir.

Humahuaca, Salta, Argentina
Marzo de 2015

Tus dos caras

Es un punto oculto lleno de horizontes,
es un espacio donde nadie se esconde,
es un espejo constantemente frente a vos,
es tu hambre y tu pan,
es tu bien y tu mal,
es tu brillo y tu oscuridad,
es tu fantasía y tu realidad,
es tu principio y tu final.
Es tu perdón y tu orgullo,
es tu carencia y tu abundancia,
es tu alegría y tu desgracia,
es tu fuerza y tu debilidad,
es tu sueño y tu despertar,
es tu mentira y tu sinceridad,
es todo lo que sos en verdad.
Viví tu vida,
comparte tu alegría,
sigue por el camino,
camino de la nueva vida.

Colonia Prosperidad, Córdoba, Argentina
2012

Al pie de lo alto

Arriba, donde el sol cae,
donde sus rayos remueven la emoción más oculta
humedeciendo los ojos asombrados
por la hermosura de su cálido derrumbe.
Allí donde el viento eriza cualquier piel ruda
y hace música con el mover de las plantas.
Ahí estoy yo,
donde los pájaros suben sin temor.
Donde descansa el que se esfuerza
contemplando la belleza,
esa belleza que el haragán que no quiso ascender
se perdió por temor a caer
o solo por vértigo de saber
que no es nada por más alto que esté.
En la altura,
donde los poetas buscan la estructura
para hablar con él.
Donde el pintor se emociona al ver
que el cuadro que pudo hacer
ya es, ya fue.

Donde el músico escucha melodías
imposibles de hacer
y no lo frustra.
Donde el malabarista llega y se entretiene
sin preocupación del juguete que tiene
disfruta verlo caer.
El sabor amargo del mate
me llena de bellos recuerdos
y me quita la sed.
Una mariposa que se posa en la piedra
me habló
y ella sí sabe los secretos de belleza,
poder y perfección.
Puede parecer melancólico y aburrido para algunos
andar solo por el camino
y descubrirse a sí mismo
por el miedo de conocer quién se es.
Se liberó mi alma al encontrar locos sueltos
que al marcharme me abrazaban
y me deliraban con un
"no te vayas, yo te quiero".
¡Ay sí que se acongoja el pecho
y cae en gotas de alegría el recuerdo!
Pero me arrolla la palabra de esperanza
que me dijo un bohemio al despedir a un compañero:
"la ruta sigue siendo la misma".
Por esas palabras entendí
que somos hijos del cielo

que mi voz es tu eco
que la distancia no separa,
solo te ayuda a pensar y aclara.
Voy a volver para hacer lo que debo
crear mi historia y contar este cuento...

San Marcos Sierras, Córdoba, Argentina
Marzo 11 de 2013

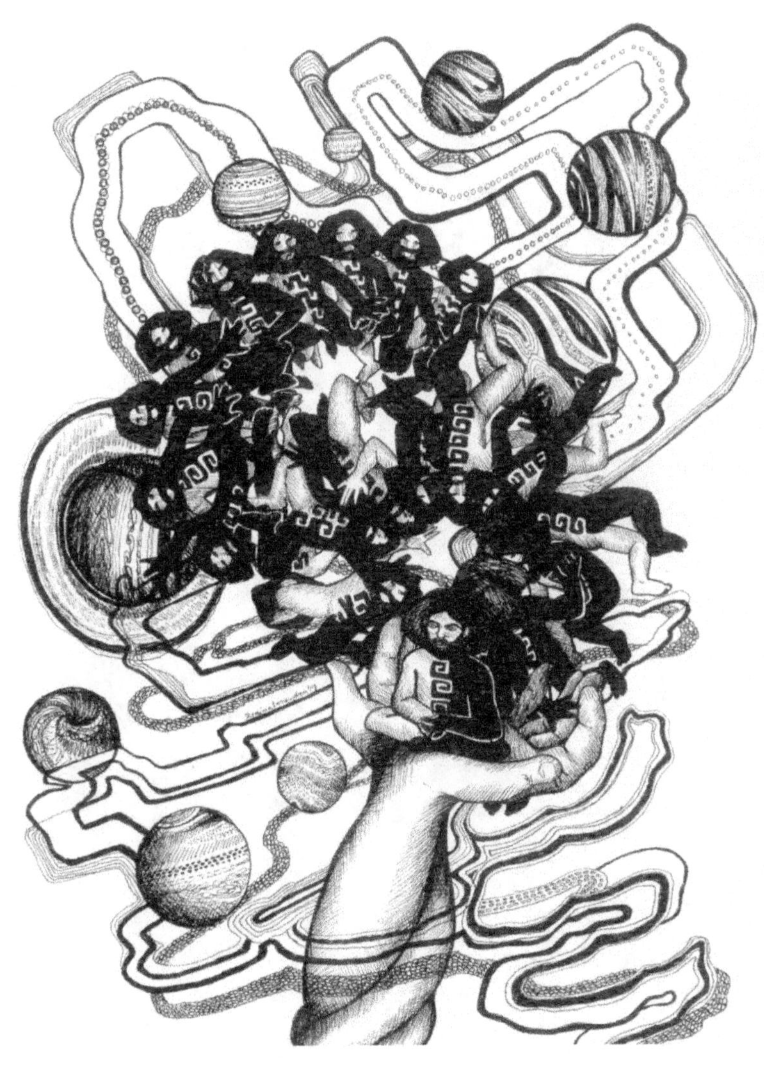

Caminé y caminé para adentro,
entré en el silencio de mí mismo.
Me topé con un barbudo de muchos rostros,
que sonriendo dijo: vente conmigo.

Comprendiendo parte de mi existencia

Por qué no creer en que existes,
si creo visualizarte en la evidencia de mis ojos
si puedo verte en la profundidad
de lo que no está a la vista.

Te manifiestas en el movimiento omnipotente
de la existencia.
Y en ella no existen tristezas.

Nado contra algunas corrientes con mi fe enfrente,
vivo mirando el presente,
mi mirada a vos no es ausente
y puedo sentirte en esta locura inherente.

Cuando muerdo mis dientes soy trasparente,
cuando mi pecho exhala estoy ardiente.

Sí, lo sé, estoy demente.
Soy cauteloso y efervescente.
No busco culpables, así vivo paciente.

No imagino paraísos ficticios,
vivo en cada uno de ellos
donde sea que piso...

Colonia Prosperidad, Córdoba, Argentina
Febrero 25 de 2012

Tengo nada, soy nadie

No tengo nada y no soy nadie.
No tengo formas
por eso es irracionalismo para mí la lógica.
No tengo rancho, ni palacio
porque soy energía en movimiento,
por ende, estoy en todos lados.
No cargo más que lo esencial,
lo cual carece de materia.
Mi libertad es limitada por mis propios límites,
voy y vuelvo si se me permite.
No represento banderas, ni estados.
Soy el gobierno y el grito del pueblo.
Soy la duda que da respuesta
a lo incompresible del dudar...

¿Quién soy?, pensarás.

Soy la fe y la rebelión, la voluntad y la expresión,
la luna que ilumina la noche por la luz del sol.
La reacción de tu corazón,
Las verdades en su acción.

La inducción de la esencia que mueve las cosas y no,
la emancipación y verbalización de los opuestos,
la guerra en el mundo junto a sus doctrinas,
la paz que se busca en la tierra, pero está en el corazón,
siendo así lo que soy, inescrutable,
soy el discurso y el mentor...

Cuesta Blanca, Córdoba, Argentina
Agosto de 2018

Acá estoy

Cuando pendas de un hilo y grites,
cuando cuenta te des de que por soñador
solo has quedado,
no tengas miedo de estar solo,
otra oportunidad se está formando.

Trata de no seguir colgado
que en un abismo estás flotando.
Los rayos de la vida te están iluminando.
Escucha que la realidad te está llamando,
libérate de ataduras que tu pena te irá pesando
y el hilo del cual pendes de a poco se irá cortando.

No desanimes y cree,
la esperanza de realizar el sueño
te está aguardando.
Rebeldía no es estar abandonado,
solo si trabajas por tu meta
la convicción irás concretando.

Colonia Prosperidad, Córdoba, Argentina. 2011

Buscaba mi estrella

Yo estaba dormido en la eternidad
y un rayo de luz me hizo despertar.
El viento susurró una melodía
que se hizo canción para toda la vida.

Cuando fui consciente de mi eternidad
una gran estrella me guio hasta acá.
Y esa melodía que se hizo canción
dio grandes motivos a mi corazón.

En el camino que guio la estrella,
crucé almas eternas montadas en cometas.
Pasó frente mío el alma más vieja,
sonriendo me dijo: "Yo sigo en la eternidad".

Yo te vi cuando estabas dormido,
y el rayo de luz era la luz de tu estrella,
y el susurro convertido en canción,
es el canto de la eternidad.

Y los motivos de tu corazón,
serán la causa perfecta
para una nueva canción.

Volcán, Panamá
Mayo de 2016

Como un niño

Me dijiste que abra los ojos y pude ver,
me mostraste el arte de escuchar y aprendí a oír,
me aconsejaste que en algunos momentos no hable,
yo cerré mi boca y sonaron tus palabras.

Yo me sentía abandonado y tirado,
vos me diste la idea de que me levante y me vaya,
yo sin mucho poder entender tomé todo mi pesar
lo puse en una mochila y me fui.

Más que una idea fue como una orden,
no conseguía tranquilidad sino la cumplía.
Una orden, así como cuando de pichón me dijiste:
"Solo sigue tu corazón".

Cuando caí en el trajinar por los caminos de la vida,
vos tendiste tu mano hacia la mía.
Así pude incorporarme en mis pies y seguir,
aunque no sabía mucho de caminar y aún menos del camino,
vos estuviste fiel al lado mío.

Aunque en momentos te he ignorado,
con paciencia me sostuviste cuando tropecé y dijiste:
"Tranquilo, que estoy eternamente a tu lado,
aunque ahora estoy soltando tu mano, no desesperes
es necesario".

Yo caminado por esos caminos raros
por los que no todos eligen transitar
por miedo más de una vez miré hacia atrás
para ver si estabas y
pobre de mí ingenuidad
muy poco crédula a lo que has dicho:
"siempre voy a estar a tu lado".

Recuerdo cuando dulcemente me dijiste:
anda para adelante y no mires atrás por temor,
porque podés errar en los desvíos y entrar a los caminos
que te llevan a tu propio olvido.

Una vez ya cansado me diste agua y cobijo,
y donde estaba mi espíritu herido, vos lo curabas.
Yo escuchaba un susurro adormecido.

Me alimentaste y acariciaste mi cabeza diciendo:
come, cordero negrito,
que por ser desigual a los demás
te mezclo con los mismos,
pero para mi deleite te he elegido.

Luego me acosté a tus pies y quedé dormido.

Amanecí frente al mar del olvido.
Iluminado ante lo magnífico,
se apagó repentinamente la luz y grité:
¡Dios mío!

En medio de la penuria sonó tu voz,
apareciste en otra forma diciendo:
acá estoy,
¿ves que no te olvido?

Pisco, Perú
Entre junio y julio de 2015

Rostros como el mío

Iba por calles de vidas solitarias,
iba a la inmensidad de la nada,
iba en busca de mil sentidos,
donde encontrás final y aparece un principio.

Iba a un destino intachable,
¿dónde se va? Nadie lo sabe....
Iba en el limbo de la cordura,
donde cobardes no llegan y lo llaman locura.

Caminé y caminé para adentro,
entré en el silencio de mí mismo.
Me topé con un barbudo de muchos rostros,
que sonriendo dijo: vente conmigo.

Fui a caer vaya en qué trampa,
fui a beber lágrimas en vez de vino.
La sorpresa arrebatada tumbó mi copa,
cuando vi que esos rostros eran como el mío.

No te asustes, me dijo compasivo,
no busque finales, solo son principios
y la verdad es un verbo
se aboga a sí mismo.

No te vayas,
no huyas,
escucha,
bebe de mi copa, dijo....

Choluteca, Honduras
Julio de 2017

En la soledad de mi andar

Volviendo en la soledad de mi andar,
por esas noches de mujeres de esquinas
ellas me saludan al pasar.
Cruzo la avenida dejando mis clavas volar,
de pronto me doy cuenta de que ahí está,
voy por la vereda y me pregunto,
¿Quién soy? ¿dónde quiero llegar?
En eso una voz me responde:
llegarás al destino que busques,
en la guardia de este paraíso me encontrarás,
todo está más allá del bien y el mal.
Sigo caminando y en mi cabeza
giran ideas como bandera de swing....
Falta una respuesta
argumenté temblorosa a la voz.
¿Quién soy?, repetí.
Sos un árbol lleno de frutos del cual muchos van a comer,
¿qué frutos pretendes dar?
Mira que no sos solo un árbol como los demás.
Te van a recordar en la sonrisa,

en tu llanto se inspirarán,
con tu bondad van actuar,
a través de tu amor se verán.
En desconcierto estado por lo que había escuchado
le pregunté algo más.
¿Cómo hago para que mi paso sea una buena heredad?
Escucha con atención, replicó.
No quites las palabras positivas de tu boca,
que tu mano no mezquine al momento de dar,
porque con las mismas acaricias
de lo contrario, ¿qué darás?
Nada darás si tu sonrisa y tu amor no están.
No embutas tu corazón con penas, mentira y rencor.
En esta inhóspita vida todo es para mejor.
Sé prudente con tu expresión y no enseñes con ira,
no hagas como aquel cantor que vendió su alma al diablo,
queriendo estar por encima de los demás
se creyó ser rebelión y su corazón murió cautivado.
Riega esta semilla, cultívala con mucho cuidado,
disfruta de este proceso, después hay un largo receso.

San Francisco, Córdoba, Argentina
Octubre 9 de 2012

He avanzado sin dar pasos, he volado sin tener alas.

Amanecer

Bello amanecer,
emanas alegrías,
radiante rojiza lava,
irradias maravillas.
Tus rayos dan calor
esperanzas de un nuevo día.
Y cuando te asomas
no hay quien te lo impida.
Frutos, refrescos, alegrías
tu parecencia es mi algarabía.

En un camino de Traslasierra, Córdoba, Argentina
Octubre 11 de 2011

Carnaval

Rosado atardecer,
me llenas de placer
detrás de imponentes montañas,
se va escondiendo el brillo del alba.

Voy pensando... ¿en qué criterio de las teorías
se define la perfección?
Ante esto mis ojos se humedecen,
los consuela el latido de un tambor.

Alegría por la tierra, se asoma el anochecer
trayendo las estrellas, la luna ha de aparecer.

El cuerpo se prepara
a recibir la noche y esperar el amanecer
con chicha y diablos machados
que empiezan las calles a recorrer.
Bajando del cerro es difícil volver,
la noche ganó de mano
sin luz no se puede ver.

Risas, gritos, tropezones y caídas,
carnaval tenía que ser,
borrachos en la plaza
algunos duermen como en hotel.

Ya a mi vista mareadita
el sol asoma otra vez.
Yo me busco volver
y el carnaval no me lo permite hacer.

El hambre se está sumando,
al parecer quiere saber
si hay una empanada dispuesta,
una humita o tamal también.

El sol de mediodía da el veredicto
un fueguito encendido.
Y la pava calentita
el mate silente gira y gira.

El recuerdo dibuja las risas
las memorias florecen a la luz del día,
el calor acuna los cuerpos
y de a uno a uno los acobija.

Humahuaca, Jujuy, Argentina
Abril de 2012

Caminando

El día era lluvioso y decidí salir a caminar
y en el andar un forastero apareció.
Caminaba y el brillo de la vida por sus ojos brotaba,
la incandescencia no me permitía ver
lo que a mi parecer él miraba.
Igual describiré lo que yo observaba:
frente a un desarmadero parado estaba,
mirando analítico las chatarras
y del otro lado del alambre los perros lo veían y ladraban.
A pesar de los ensordecedores ladridos,
él largaba un silbido y simulaba que no pasaba nada.
Con un leve suspiro, llamó a la calma y habló a un canino
y en un suave modo mirándolo a los ojos le dijo:
"si no querés que acá esté
 mejor me voy".
Abrió sus brazos y sobre sus caderas los soltó.
Sin más diálogo media vuelta dio
sobre el camino por el cual llegó
y su rumbo emprendió.

En el cruce de una calle un charco saltó
y un perro que andaba suelto otros ladridos le dio.
Estarían por la mitad de calle los dos,
él un gran mango vio,
el perro sorprendido
a lo lejos con ladridos prosiguió.
Él avanzó hacia el árbol y un fruto del suelo tomó,
por la vereda continuó y con la camisa el fruto limpió.
Devorado ya ese regalo, sus ansias sació
y caminado un trecho, un jacarandá se topó,
que por mirar el suelo no vio,
y al observar su grandeza, perplejo por esta quedó.
Miró su copa y hasta su raíz observó
y arrodillándose el suelo acarició.
Su acción era como de rezo,
pero plegaria no dio.
Besó el suelo y en sus pies se incorporó
y así su misterioso rumbo tomó
ese chico caminante que en mi vista se cruzó.

Chitré, Panamá
Septiembre de 2016

Hijos del cielo

¿Qué hay de perder?

Hijos del mundo somos

y nuestro cuerpo termina como que el de todos.

Vamos a caminar y de vivir a disfrutar.

Tenemos todo por ganar y la vida no podemos comprar.

Si odiamos, la angustia nos va a vaciar,

en cambio si amamos el corazón se va a llenar.

No esperes la justicia en el vengar,

esto carece de sentido,

porque alimenta el resentimiento,

despierta la intranquilidad,

vacía el alma, llenándola de oscuridad.

La vida no es injusta, está llena de oportunidad.

Poder es querer y querer es hacer.

Ocultarte del presente y vivir del pasado

es pretender subir un acantilado marcha atrás con ojos cerrados.

Buscar es intentarlo y liberar es soltar lo apegado.

No acumules, vivirás ahogado

y no te mientas, con la verdad serás librado.

Colonia Prosperidad, Córdoba, Argentina
Enero 16 de 2012

De mí y de vos

Estoy parado frente a vos,
loco, sí, así es.
Salgo a caminar cuando el cielo se decide a llover,
cierro los ojos y giro dejando las clavas caer.
Riendo lloro
y no siempre tengo un motivo claro para este parecer.

Ver en ocasiones el amanecer
me llena de alegría y esperanza
el mate es el alternador que por la mañana
mi motor arranca.

Leer expande mi mente y la claridad de lo buscado
confirma que cuanto más uno se ama,
de la gente más se ignora la negatividad de lo criticado.
Lograr aceptar la realidad me alivia
logrando que el rencor en mí no exista.

La humildad me permite crecer,
bajando el nivel del orgullo de pensar que todo lo sé.
La dádiva sin interés es esencial como comer.

La transparencia engrandece al ser
el amor es la existencia que puedo sentir y ver.

Quien quieras que seas y donde vayas a estar,
no comprarás la alegría,
no te asegura la vida lo que sobra del día a día.
Regala una sonrisa que no mendigo limosna,
trabajo con dignidad, libertad y alegría.

San Francisco, Córdoba, Argentina
2013

Reflejo en el semáforo

Que tu existencia sea inexplicable
eso me refleja.
Soy tu espejo y vos mi reflejo.
Somos opuestos, diferentes y perfectos.
¿Realmente vivís apenado, frustrado?
 Yo no creo que desees estar así de amargado.

Dale, relajate y dibujá una sonrisa,
mirá sin miedo
lo que el rojo me permite
y la destreza mágica que hago.
No me tengas pena
yo elijo.
Por elegir así
he andado conociendo montañas,
pueblos y ciudades,
mares, desiertos y lagos.

Para mí las distintas realidades hacen la existencia.
y parte de esta realidad la crearon las creencias.

Crecen las plantas junto a los vegetales,
el sol calienta, dificultando que mis pulmones
respiren el fresco aire.

No tengas miedo, que no te asuste mi vivir,
no quiero hacer cosas que no me permiten ser feliz.
Como yo elijo, vos elegís,
y nada es lo que se pierde si lo queremos ver así.

No hay malos como algunos creen,
solo son desconfiados que hacen el mal,
envenenándose con el remedio
y viviendo de la enfermedad.

Que tu paga por mi elección no sea tu obligación,
más que el aporte que tú pones a mi labor
nazca de la bondad que habita
en la buena intención del corazón.
Última sonrisa y adiós.

San Francisco, Córdoba, Argentina
2013

Ser uno

Ser uno
no es encerrarse en una idea o solo en un entorno.
Es existir en el mundo prestando atención a todo.

Ser uno
no es ir detrás de una idealización, bandera o institución,
no es ir en contra de toda corriente,
consejo o acción coherente.

Ser uno
no es defenderse de las acusaciones
y tratar de encontrar culpables.
No es actuar por impulso y jugar al filósofo
por repetir lo que fue dicho antes.

Ser uno
no es usar un título para estar por sobre otros.
Es ser sincero consigo mismo,
no imponiendo criterios sobre los demás,
machacando las opiniones de todos.

Ser uno
es reconocer la humanidad
es perdonar y aceptar el error
es poner la cara cuando te equivocas.
Es dar sin especular a quién
y menos si eso que das irá a volver.

Ser uno
es creer en sí mismo
es saber perdonar y no herir intencionalmente a los demás.
Amar la vida no es placer superficial y ser uno es saber amar.
No el estereotipo de la persona ideal tomando la mentira
como verdad.

Ser uno
es ser responsable con el mundo al cual perteneces
y crear tu realidad sin esperar
de que se hagan cargo los demás.
No es encontrar un acorde y ponerle una simple melodía
junto a una bonita poesía.
No es el glamour y la fama conocida.
Es el éxito de vivir descubriendo
la magnificencia de la vida elegida.

Colonia Prosperidad, Córdoba, Argentina

Marzo 6 de 2012

Militante

Militando en la vida
el mundo identifica tu sonrisa.
Tus hechos son tu documento,
para efectuar el cambio no necesitas visa.

¡Compañeros, no se compra la vida!
No existe género que decida.
Si tu conciencia te da vida,
cuando dejas que por vos elija.

No hay espíritu con medida definida,
no hay razones para causar heridas.
No hay piel que no se queme,
y no hay fuego si no se prende.

No se gana honorablemente si nunca se pierde.
No existe amor a medias,
la fe es la razón,
y la razón es la que palpita en el corazón.

Cuida la tierra y compartila.
Viví la vida y podés elegirla.
No hay fracaso que no enseñe.
No hay bien si no te enciende.

Colonia Prosperidad, Córdoba, Argentina
Enero 23 de 2012

Caminante

Tengo ideal pero no soy idealista.
Camino por el mismo camino,
pero no trajino en la huella que otros han trazado.
Llego a los mismos lugares
despretendiendo encontrar los mismos destinos.

Sé que la soga con la que amarro y acarreo mi pensar
es la que se me enreda y me quita el resuello,
pero seguro estoy de que no he de morir
porque otro me quite el respiro.

Entendí que el entender mata el tiempo,
que el tiempo mata el cuerpo.
Comprendí para mis adentros
que las acciones no son palabreríos
y que el balbuceo solo disfraza la mentira
que uno se dice así mismo.

Así como la verdad para mí es un verbo,
la verdad de todas las verdades no es subjetiva ni relativa,
no se concluye solo en un criterio, por ahora eso veo.

Entendí por una vieja canción,
"Por más alto que se vuele
no se llega más alto que lo que existe arriba".
Buscando en textos que cuentan las historias de un pasado,
descubrí que solo las diferencian los contextos.
Supe escuchar por ahí lo que otros dijeron:
"muchos mueren en el intento"
y por enterado me di que viviré intentándolo.

Observé y descubrí que la balanza está equilibrada
para un solo lado,
que la verdadera justicia no es la que tiene los ojos tapados.
Aprendí observando el cielo que el sol sigue quieto,
el aire en mis pulmones dejará de entrar en algún momento.

El tiempo eternamente matará al cuerpo,
quizás alguien le gane una pulseada al destino
y aunque parezca un desatino cargar con mi laya,
seguiré derribando la muralla que se cruce en mi andar,
y aunque el lucero se apague
y la letra no se escriba,
¿quién podrá callar el cantar?

Cochabamba, Bolivia
Junio 15 de 2015

Me fui

Ya no estoy en mí,
mi espíritu se fue a la órbita del cosmos
que gira alrededor de la llamada eternidad.
Esa eternidad fluye en lo ineludible de mi locura,
jugando mano a mano con el azar
de lo que se nombra suerte,
esa acción que es sostenida
por la fe generada por mis valores.
Hoy no estoy en mí,
me fui a lo inaudito de vivir un sueño infinito,
rodeado de fuego, piel e imaginación.
"Creí que no encontraría lo que tenía en mis manos
y por tanto apretarlo no me daba cuenta que ahí estaba".
Fui volando bajo sombras temerosas
como un carancho desesperado,
cuando el campo está recién arado
y en él no hay nada sembrado.
Traté de nadar en ríos secos y no llegué a ningún lado,
porque no podía ver para dónde fluía la corriente
y tuve que llenar los ríos con mis propias lágrimas.

He fallado y morí por atolondrado,
por caprichoso nomás me he acalambrado por tanto pataleo.
Tirando manotazos al aire me aferré a piedras tan pesadas
que me llevaron al fondo que buscaba
y en el momento de avanzar
ya no quería ir por miedo a lo que enfrentara,
pero me enfrenté a ese miedo y ahí fui.
Llegué a un desierto en el cual busqué perderme,
para poder sentir la sed que al final me saciaba.
Está seca mi lengua con la cual yo no hablaba
y mis ojos hambrientos estaban en la ceguedad de la nada.
En eso vi a la soledad y pude abrazarla,
a punto tal que me sedujo, me conquistó, me cegó
y por una vez más no vi que intentaba desbordarme.
Por esos lados pasó la felicidad y tan libre bailaba
se encendió un fuego
y se quemó la soledad con una simple llama.
Raro sueño soñaba y mi calma atormentaba.
Al tiempo me revelaron su significado
un rey mago con Dreadlocks,
junto a un hada dorada enamorada.
Dentro de esos mismos sueños soñaba acontecimientos
que luego me llegaban y algunos me invalidaban.
Mi invalidez no me permitía mover
y yo me arraigaba a los montes y sus aldeas,
junto a las vidas acabadas que habitaban en él
para que yo las vea.

Eso mucho me enseñaba.
Viví con ansiedad efímeros sucesos,
que ponían frente a mis espejos
y con su luz me encandilaban,
así una vez más mis ojos cerraba lagrimeando esperanzas.
Así me fui y así volví por fronteras que cruzaba,
sin saber qué era lo que me esperaba.

Yo estaba convencido de que lo incógnito
del otro lado de lo incierto me aguardaba.
Mi corazón latió, mi mente se pausó,
mis impulsos caminaban tirando y regalando cosas
que ya no necesitaba.
En un momento me quedé sin nada,
sin nada no es nada, me quedé sin todo
y ese todo renacía en cada asombro
y en cada inhalada que respiraba.
Cada paso que mi cuerpo daba, yo crecía
y el vacío se llenaba
sin poder medir que lo omnipotente
tiene un límite que no empieza y tampoco acaba.
He avanzado sin dar pasos y he volado sin tener alas.
Viví con duendes buenos que bebían y jalaban,
entre doncellas que los mimaban,
sin condicionar los amaban.
Me instalé en el vacío más de una vez y lloraba

porque quería un poco más de esa ansiada nada.
Fue así que mi piel desgarré
para poder quedar expuesto al aire
que mi carne dañaba, pero eso placer me daba.
Hasta que llegue a mí
topándome con el límite que no existe,
con la felicidad individual que con muchos no convive.
Llegué a odiar el hecho de estar en ese lugar,
que en mi confusión había soñado
y también disfruté el placer de pelear contra tantos yo
a pesar del dolor que esa lucha conllevaba.
Al final después de tanto trajinar con los sinsabores
que dan los idas y vueltas
disfruté el sabor de mi triunfo y encontré la felicidad
que no es realmente libre si no se suelta,
dejando ir junto a ella creencias,
patrones formados en mi inconciencia,
para que cuando vuelva esté renovada.
Solo para poder compartirla y abrazarla una vez más
o simplemente un momento acompañarla,
saludarla y que siga creciendo en las ínfimas distancias.

Aregua, Paraguay
Febrero de 2015

Caminos, sol, cometa, dioses, aves, letras...

Llevo solo lo que tengo que llevar
y recorro paisajes llenos de aventuras.
Diversos mundos me cruzo en el andar
y en ellos hay soles que hacen bien
y oscuridad que azota con soledad y hace mal,
pero forma parte del andar.
También soy un sol como otros lo son
y en cometa convirtiéndome estoy.

Mi mundo gira en la órbita y mi entorno gira por el mundo...

Por momentos colapsan las locuras de mi cosmos
y de los que miro,
encontrándose las ideas formadas de fantasías,
esas que para algunos no son ciertas
aunque sin embargo muchos creen en ellas.

Veo las estrellas que se estrechan y se besan,
rompiéndose de tanto amontonamiento se disipan
y renacen en poemas.

Hay carcajadas que son iluminadas por la luna,
esa luna que hace mover las mareas de las emociones
y la misma que hace crecer los frutos de las acciones.

Hay soles que forman auras alucinantes
por el brillo encantador y corean juntos
al crujir quebradizo de las ramas en fervor,
avivado por el viento que trae junto a él
todo este decir en el que estoy.

Hathor, la diosa del amor, se presenta.
Muchos ante ella desnudan su cuerpo y alma la noche entera,
sin importar la diferencia entre tantos,
llevándolos a una sola meta.

Para qué negar que somos sol, estrellas, vientos y cometas,
cómplices de Afrodita, Cupido, Hathor, Eros y Kamadeva.

Me convierto en un fénix que trasporta pensamiento y leyendas
convirtiéndolos en letras.
Y por eso estoy acá donde me lean,
me escuchen, me sientan, me vean y quien quiera me entienda,
porque no he de vagar por la eternidad
sin rumbo como alma en pena.

San Marcos Sierras, Córdoba, Argentina
Marzo de 2013

Hay momentos en que pensamos que es el momento,
pero en el instante que es el momento,
por no ver más allá del tiempo,
no podemos percibir la eternidad de esa fugacidad
que genera el tiempo.
En el momento en que deje de proyectar que todo puede ser,
entraré a la dimensión sin fin donde todo Es.

Aturdido

Es aturdidor cuando el eco del silencio
se hace presente en cada rincón de la mente,
porque no te deja dormir, no te deja ser
y no te permite estar
en el existir.
¿Dónde ir?
¿A quién recurrir?
¿Cómo callar el silencio?
¿Por qué la excusa es el factor al que uno acude,
cuando no quiere enfrentarse con la realidad
que es tan evidente frente a todos?
Cuántas preguntas generan las dudas
y cuántas dudas generan las respuestas.
Si uno trata de ser sincero consigo mismo
duda de la misma verdad que conoce
y así evade la razón de ser.
Siente miedo a dejar y que lo dejen,
a enfrentar y que lo enfrenten,
a esconder y encontrar
lo que ya se sabe dónde está.
Dudas de existencialismos

y otro factor al que uno acude ante ellas es el miedo.
El miedo es el escudo de la cobardía desenmascarada.
Muchos creen ser valientes
y al momento de reconocer un punto de esta cuestión,
uno empieza a mentir enredándose
en sus propias justificaciones ficticias,
tratando de esquivar los infortunios inevitables
de los que no escapamos jamás
y crecen y se convierten en ira y agresión.
¿Cómo se puede encontrar la respuesta a todo este trajinar
sin preguntarse, sin enfrentarse y sin querer vivir este proceso?
¿Quién pudo alguna vez escaparse de su tormentoso silencio
sin antes confrontarlo y profundizar en su voz?
Algunos instintos nos llevan a elegir el camino más fácil
y sin embargo en algún momento
terminamos en el punto del comienzo
y otra vez se trata de huir, pero no hay efecto,
se vuelve al mismo sitio de antes.
Uno cree en algunas ocasiones ser inoportuno
y sin embargo dice creer que el único momento es el presente
y una vez más deja pasar por alto cosas que va acumulando
para sumar carga y pretextos al autopadecimiento.
Para ser claro con uno y con los demás,
lo primordial sería no acusar, ni excusar,
no mentir, ni evadir
y así dar el primer paso al verdadero ser.
Todo eso te lleva a escarbar en la profundidad personal
que uno ve en el silencio de la soledad

y la manifestación de la irritación
cuando creemos que los comportamientos ajenos
son indebidos.
Sin embargo es ahí, en ese comportamiento,
donde más nos vemos.
La reacción evasiva, efusiva y violenta
es la respuesta de todas las cosas
que habitan en la excusa y en la cobardía
y no podemos ver la parte más simple
porque nos distraemos tratando de encontrar
la respuesta en otros,
siendo que ella solo vive en cada uno de nosotros.

Humahuaca, Jujuy, Argentina
Marzo de 2015

Mi realidad

Quiero salir de esta fantasía para verme desde otro lado
y lograr saber si lo que hago es bueno o malo.
No veo mal en no dejarme llevar
por el criterio de la sociedad,
si tengo la libertad de otra forma pensar.
No me estimula recapacitar en vivir
como quieren vivir casi todos los demás.
Me exalta disfrutar de la infinidad de opciones
que el universo nos regala,
mientras el sistema que nos educa
se encarga de cegar a la mayoría
poniéndole barro en sus retinas.
Yo sé que siendo libre de pensamiento
y no fanatizando los ideales
se puede alcanzar el camino del entendimiento
y asumo que lo único que nos puede parar
es el miedo a la vida por no querer enfrentar a la muerte
y si tememos a esta, es porque no estamos existiendo
en el presente, conscientes.

Opté por no desanimarme por los fracasos
porque ellos me enseñan a no volver a un error del
pasado
y si el error vuelve es porque no tiene otro fin
que enseñarme lo que no estoy queriendo aprender.
Estoy teniendo cada vez menos miedos a los demás,
porque estoy ocultándome cada vez menos de mí.
Ya no me genera preocupación el futuro,
porque no deseo un mañana para vivir,
ya que sé que solo es hoy
y según como actué hoy
tendré la recompensa en el mañana.
No voy a dejar atrás mis sueños,
seré el capitán de mi barco,
y por más que naufrague seguiré siendo marinero.
Tengo claro dónde quiero ir.
Aunque la tormenta esté ahí
no le voy a temer
porque mi destino es estar donde quiera ir,
como el propósito de ella es ser arte en este redil.

Colonia Prosperidad, Córdoba, Argentina
Marzo 7 de 2010

Dirección

Busco respuestas a pesar que sé
que algunas de ellas no las hallaré aún.
Busco en lugares donde pocos buscan
por miedo a lo que van a encontrar.
Busco donde el canto no tiene sonidos,
porque solo se halla en las profundas raíces del sentir.
Aprendí que el fruto cae por su madurez
y vuelve al pie del árbol que le dio la vida,
pero inevitablemente crece otro árbol.
Los retoños crecen, y otros se van cruzando, algunos secando
para luego quebrarse ya muertos,
pero inevitablemente es parte del ciclo.
Es como tratar de encontrar lógica a lo que no tiene,
o buscar los puntos medios al equilibrio
o como tratar de poner fin a lo que es infinito.
Así entre tanto trajín buscamos las preguntas
y ya sabemos cuáles son sus respuestas.
En momentos somos Narcisos que se miran en el reflejo
y se aman de una forma difícil de entender
para el común general
y a esto ni la razón propia le haya razones.

Somos maestros y asumo que no hay fuerza más fuerte
que la fuerza que hace uno a los opuestos.
Esa que te lleva a las profundidades de tu propio temor
para luego sacarte a volar,
mostrándote el paisaje de la dicha,
dándote la opción de ir por una brecha,
permitiéndote seguir vuelo, volver al camino o sumergirte
nuevamente en la profundidad.
¿Qué es más ilógico que lo que se cree y no se cree,
que palpita en la penumbra del sufrir,
rotando en las espesuras del silente cantar?
Ahora creo que es una acción sincera
que se manifiesta a ojos abiertos y ojos cerrados frente a todo.
En esa esencia nos fundimos
y esa comprensión me da a entender
que no soy el único que pasa por este camino.
Ahora más que nunca sé que no sé nada,
y que la libertad se manifiesta
al elegir en cada lugar y momento
amoldándose según la circunstancia.
Esta no tiene estructuras que la limiten
y solo te enseña por las causas de las consecuencias.
Somos vidas viejas que renacemos para desaprender
y poder entender lo mal aprendido.
Somos eternidades que descansan
en la simiente de un conocimiento que estaba dormido.
Somos cómplices en el nacimiento y en la muerte,

por tus acciones y mis acciones,
cada una de las contradicciones y los razonamientos.
Todos somos parte de un gran árbol,
frutos que ya hemos caído
y al crecer volvemos al misterio del mismo ciclo.
Ser libres es amarnos, perdonarnos, aceptarnos,
no condicionarnos a la medida que creemos correcta
cuando no nos miramos o no nos podemos ver.
¿Quién puede entender a un loco más que él a sí mismo?

San Cristóbal de las Casas, México
Primeros días de diciembre de 2017

Entré a la realidad por desear la fantasía

Después de permanecer en lo más profundo de los sueños desperté y la vida se presentó ante mí.

A causa de estar tanto tiempo dormido, en principio no pude saber si era real o un espejismo, hasta que la realidad me llamó.

La realidad no me seducía con delirios de fama, joyas, fiestas y aquellas cosas que mal administradas te drogan y mantienen dormido.

Solo me invitaba, sin excusas, sin caprichos, sin estirar su mano llena de cosas, porque detrás de ella había un tesoro y no estaba escondido.

Para lo único que ocupó sus manos fue para pintar de colores los caminos, aunque algunos tonos eran grises, la claridad de su imagen no dejaba matices indefendibles.

Por un momento la fantasía y la realidad se manifestaron ante mí.

La astuta fantasía con su tono dulce me apuraba a elegir y mi desesperación no me dio otra opción que tomar lo que estaba más al alcance.

Traté de darle la espalda a mi realidad y ella se rio de mí, porque no existe forma de poder evadirla y aun así no se interpuso entre lo que yo elegí vivir.

Todo esto en un descuido de parpadeo sucedió y en el pinolillo de la flor de mi juventud me sentí aturdido por tantas formas con las que la realidad y la fantasía se me habían aparecido.

La realidad con su rostro arrugado, ojos llenos de inmensidad, pelos blancos y pies descalzos, manos curtidas y ropa de tela delicada, pero sencilla.

En cambio, la fantasía, perfumada, tez fina, vestido elegante, sus manos cubiertas por guantes, ojos grandes y seductores, llena de sexo, joyas y glamour.

En un momento de lucidez, la realidad empezó a mutar frente a mí. Ella y la brisa con fuerza empezaron a correr. Y yo, atónito por semejante acontecimiento, como canto de pájaro al viento en un silbido oí que resonó, ¡libertad!

En un ave se convirtió y empezó a volar.

Viendo que mi flor se marchitaba, yo no quería el suelo tocar y cuando esta ave se acercó, salté a su espalda preguntándole, ¿sos vos la libertad?

Se sacudió como vaca que trata de quitarse las moscas de su espalda y al suelo caí.

No caí de pie, caí de cara a tierra firme. Cuando logré levantarme visualicé que la tierra firme era yo.

Me desesperé y empecé a escarbar para llegar al centro de mi interior.

Mis manos sangraban tinta, entonces las limpiaba con hojas blancas y con ellas mismas secaba mis lágrimas y sudor, impregnándome así de mis propias palabras.

A pesar de la tinta que sangraban mis manos, del sudor que

lloraba mi mente y del río que fluía de tanto buscar profundidad, solo encontré que no existe nada.

Me deprimí y caí en un vacío sin fin, me veía y no quería existir.

Me apagué, me volví a prender y estaba solo, sentado frente a frente conmigo: en un cofre, la flor; en una mano, el papel; en la izquierda, una pluma.

La realidad y la fantasía volvieron ante mí.

Yo las sentía, pero no las miraba y mi cabeza estaba gacha entre mis rodillas por estar aturdido.

Sostenía con mi mano izquierda la pluma, de la que de tanto apretar comenzó a brotar tinta, mientras en la otra el papel se humedeció por el llanto y el sudor.

Solo quería volver a sentarme en esa flor y así la voz de la realidad sonó porque pudo escuchar el llanto en mi silencio.

Me aconsejó, a pesar de que yo no miraba su rostro porque aún no quería ver, y pronunció: "déjala correr, a la tinta de tus manos, al sudor de tu mente, a las lágrimas que forman ríos, porque por más que no me mires, me escuchas en el zumbido de su fluido, y no le temas al vacío y aún menos a la profundidad que has buscado, porque acá están la fantasía y la realidad en tus dos lados".

Escuchaba la realidad, pero no quería, y miré a la fantasía que me sonreía.

Me levanté para abrazarla y dio un paso atrás para que yo me derrumbara. Entre carcajadas, con altanería, me decía:

"Vos querías la flor y estuviste sobre ella sin tocar sus espinas, deseaste lo que ante tus ojos estaba, pero la realidad que buscabas en ella no habitaba.

Yo no soy para nadie, porque toda imagen que de mí se crea es mentira, quien me tiene por real vivirá en desdicha; soy suave, placentera, hermosa, pero ¡ay! de quien alcance a tocarme, caminará sin vida".

Sentí calor en mi pecho y mi espalda fría, como cuando en invierno se mira el fogón de cerca en las noches de heladas frígidas.

Ahí dejé de perseguir mis fantasías, pude enterrar la seca flor y acariciar antes del entierro sus espinas, ahora vuelo en la libertad de mi realidad elegida y la tinta que corre por mis venas es la dicha de mis días.

En algún lugar y espacio, un día sin memoria

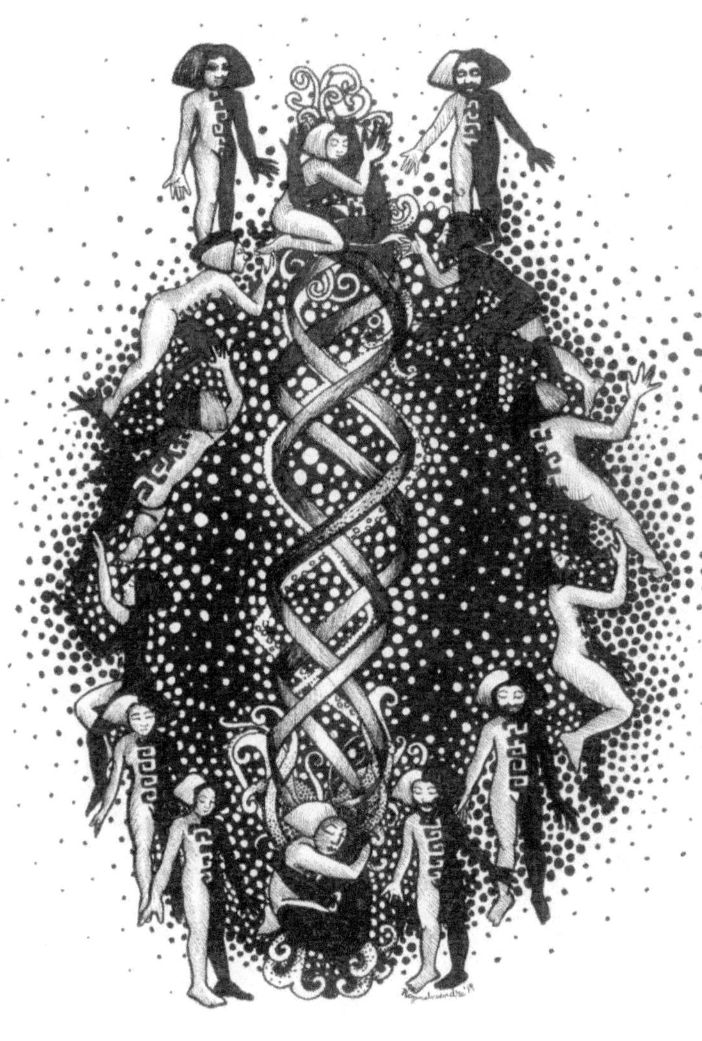

El espíritu que liga las almas es el mismo espíritu que les da alas
para que cada una vuele y pueda tomar la dirección
que más le guste.
El amor que impulsa los latidos hacia un mismo latir es el mismo
que despliega los caminos para que cada corazón
transite su propia senda, para que logre fundirse así
en un mismo fin.

El amor

El amor es como agua de vertiente
que brota de una naciente.
Tratarán de frenarlo
pero su naturaleza es ir al frente.
Es como río que arrasa cuando crece,
no conoce la sed.
Es energía positiva,
sana y alivia, refresca y limpia.
Se puede desviar y tratar de frenar,
pero de alguna manera
continúa su rumbear.
Es la vida.
Es lo que más abunda
y por ello muchos lo descuidan.
Es como el mar sin fin,
como tsunami arrasador cuando llega,
imprescindible para el alma,
sin él no hay vida.

Colonia Prosperidad, Córdoba, Argentina
Abril 11 de 2012

No te engañes

No permitas que estas palabras
te seduzcan
y que las mieles de los labios
te empalaguen de ansiedad.
Mira mi alma y descubre la intención
porque hay veces que uno se engaña
ante su propio yo.
No me gustaría que me idealices
porque esa no es mi insinuación,
ya que si me idealizas
se romperá tu corazón.
¿Ves que mi cuerpo solo
es una parte de lo que soy?
Detrás de este,
hay una desnudez mucho más atractiva
y en esa desnudez
no muere la excitación,
porque es ahí donde nace...
La observarás solo si me miras a los ojos
y podrás palparla solo en su acción,
en el pálpito del corazón,

junto a la voz de la intuición.
¿Qué es el cuerpo sin alma
y el sexo sin conexión?
¿Qué son los dichos sin el sentido real
de cada palabra?
¿Sientes que detrás de cada letra
hay un pálpito más hondo?
¿Ves que estoy buscando el fondo?
Ya no busco poseer
ni tampoco entender
lo inerte del todo,
porque quien busca entender a fuerza
solo, incoherentemente, se volverá loco.
Creo que lo único válido de buscar
es buscar la sensatez de aceptar.
En fin, busca eso y entenderás
una parte del amor.
Amemos el mudo sonido asertor
sin buscar apagarlo,
aceptémoslo con honestidad
tanto en su principio como en su final.

San Cristóbal de las Casas, Chiapas, México
Primeros días de diciembre de 2017

Mente, duda, angustia

Sufro por querer y en el sufrir nace un canto,
abrumándome la soledad y por ella nace este llanto.
Es así que confusamente llegan a mis sonidos en versos,
junto a los susurros de mi silencio que se vuelven estas palabras.

Las coplas de mi corazón ahora son mi consuelo,
y voy entendiendo que no puedo y no quiero mentirme,
ya de nada me sirve alimentar este desgastante ego.
Aún ahí latentes recuerdos.

Los sueños me dicen cosas que todavía no entiendo
y dormir por ahora es el único camino que veo.
Ni tratando de estar distraído me distraigo,
de lo vivido en el presente y del recuerdo del pasado.

Solo cantando mi ser se desnuda totalmente.
Quisiera reír y no puedo,
podría seguir llorando y ya no quiero,
desaparecer quisiera y no me animo a hacerlo.

Cuando estoy perdido y encuentro un camino,
el miedo no me deja elegir cuál trecho quiero.
En mi ahora solo hay algo claro que entiendo,
la felicidad es pasajera,
solo la dicha es lo eterno.

Icho Cruz, Córdoba, Argentina
Fines de febrero de 2018

Ilusión, lluvia y soledad

Ya ni las cuerdas de la guitarra
sacian la sed del canto,
tampoco las líneas de este papel
pueden opacar el silencio
con el que golpea fuertemente a mi puerta
la soledad, tan venturosa.

Caminar se volvió una costumbre
y ya no puedo escapar a mis realidades sentimentales,
me he olvidado lo que es estar enamorado...
Creo que de la vida lo estoy,
pero, ¿quién no se cansa de su amante alguna que otra vez?
Aunque fiel y cercana,
amar en ocasiones requiere ser distante.

Quisiera una compañía para mis malos momentos,
una guía para cuando me pierda
en mis bosques laberínticos.
Una Bruja para despertar mi espíritu
que está quieto,

llevándolo a la trascendencia
de lo que se cree imposible.

Quiero volverme viento amándola,
sentir la suavidad de sus besos,
como cuando el colibrí llega al capullo
y sigue su vuelo.

Puedo pronosticar esta tormenta
que viene llegando de lejanas tierras,
arrasará con lo que queda
y cuando se calme
todo lo que creí seco reverdecerá.

Soledad, perdóname,
pero quiero dejarte por tiempo indefinido
esta vez.
Es que quiero recordarte con hermosura,
ya que por ahora estás generándome agonías.
No disfruto de tu compañía como antes
cuando caminábamos juntos largos días.

Podía verme en vos como en un espejo,
escuchaba tus consejos,
ahora no puedo,
ya no quiero.

No te escucho en mi silencio,
tampoco pretendo seguir durmiendo
en tu compañía.
No te digo adiós
por ahora, hasta la vista.

Así cuando te cruce de la mano
con uno como el que fui
le podré sonreír al recuerdo.
Ya no te veré con rencor,
ni en tupidos celos.

Esto es el comienzo
de un precipitado recuerdo
inspirado por tu bella
y larga compañía.

Ciudad de David, Panamá
Junio de 2016

Crepúsculo de inspiración

Me encontraste en la nebulosa frontera
de mi corazón alejado de inspiración,
y en un: ¡hola, qué tal!
sin darme cuenta saltó el cerrojo sin llaves.
En una plaza llena de viajeros sin rumbos,
donde los locos bailaban al aire
y los juguetes volaban
había olor a sudor insaciable.
Los tambores resonaban
con frenéticos y eléctricos golpes
acompañados por voces
sin un solo cantor.

La musa giró en el ocaso
y al tiempo de acercarme
con tu adiós
me susurró.
Lo loco de esto
es que no se me burló
y me abrazó
recordándome todo.

Noches de estrellas
melodeando en la oscura orilla
sobre una piedra,
The Wall, Pink Floyd.
Melancolías retornaban a mi cabeza
esperando el primer chau y adiós,
hasta la vuelta.

Mis dedos se enredaron en el alambre
ondulado de tu cabeza
y mi piel erizó al ver tus ojos azules
profundos e inmensos
como el mar que no conozco
preciosos como el atardecer que aprecio
e infinitos como el horizonte
desde la cima del cerro.

Hay muchas cosas en el crepúsculo del recuerdo
como esas noches que unimos nuestras pieles
en un suspiro.
Noches templadas que al agua helada caímos
para abrazarnos sin ningún pudor.

Fuimos pececitos...

Vos tenés un nadador instinto
y en cambio yo solo pude pegar
un brutal grito.

A vos te enseñó a volar una plata y te habló,
en cambio a mí me cautivó tu mística
me enamoró tu pasión.

Con la caída de la tarde
me inspiro hoy recordando,
lo bello y hermoso que se unió
en tiempos sin tiempos ni lapsos.

En un túnel de plantas
donde duendes y hadas
saben el secreto
del cuento sin habla.
Eso sí fue magia.
Y solo nosotros sabemos.

Soy un melancólico y sincero escritor
que escribe lo que el recuerdo me dejó.

Ahora la soledad me envolvió arriba
al pie de la cruz
en el cerro
donde es hermosa la inspiración.

Todos se van.
Me envuelve el silencio
que me habla de las noches largas
bailes frenéticos y ollas comunitarias.

Esta vez perdí
esta vez no gané
esta vez el río y la plaza me ganaron
me ganaron la montaña y vos.

San Marcos Sierras, Córdoba, Argentina
Marzo de 2013

Hola, adiós

En cada encuentro llega el adiós
la despedida es una pena válida.
El buen recuerdo alegra el corazón.
El pálpito de saber que vamos a volver
llena el alma de ilusión.
Yo siento cómo en mis venas fluye
y cómo el amor invalida la sed.
La paciencia me tapa la boca
y me invita a esperar y ser.
Es el sueño más incierto
que a mi calma hace gritar.
Me alegro en la espera
que me desespera,
logra sacarme una sonrisa
el saber que ahí estarás.

Colonia Prosperidad, Córdoba, Argentina
Enero 16 de 2012

Vámonos

Dejemos que los sabihondos no se equivoquen,
que los cuerdos sigan sentados con cara larga,
que los elocuentes y ubicados sigan su sentir,
que los que planean y esquematizan la vida continúen así,
que los fanáticos sigan a la defensiva de algo que no son.

Ya sabemos que por menos o por más todos
somos parte de todo esto.

En contrapartida...
soltemos y saltemos al abismo.
No temamos a equivocarnos,
si creemos que no hay que desanimarnos
ante el error.

Te aseguro que cariño y añoranza no han de faltar...

Hay padecimiento cuando se estructuran los sentimientos
ilógicos como este.
Entristece mi corazón pensar
que el Amor muere en la distancia.

¡No lo permitamos, si nosotros elegimos!
 Amar no tiene formas, censuras, ni razones lógicas...

Todo esto es locura, realidad, elección y sentimiento.
Estas palabras me liberan generando algo de nostalgia.

Era obvio que escribiría de este supuesto secreto
que ya no es secreto
y deseaba ansioso que se disipe
a los cuatro vientos.
Deambulo en los sonidos del silencio
memorando besos,
toco el alma y acaricio el cuerpo.

Pintamos los sueños con los brazos enredados,
caminando al mundo de la fantasía,
los dos acostados
con tus muslos sobre los míos.

En un abrir y cerrar de ojos
se realizó lo que nuestro inconsciente anhelaba
y en el inconsciente dejó de permanecer.
Es por eso que escribo.

Dos barriletes sin hilo con rumbo a ninguna parte
se topan en la cima, se enredan y se caen.
Se reparan uno al otro.

Pero un simple descuido
y el viento sopló,
llevando a uno
dejando al otro.

¿Por qué suelen ser tan irreparables
algunas realidades?

Cuando lo siento así
todas las palabras se vuelven
sin sentido.
Porque en este parpadeo de experiencias
con y sin palabras
dijimos casi todo.

Dibujamos y desdibujamos
en formas abstractas y primitivas
al Amor en la realidad de nuestros recuerdos.
Lo pintamos en una cueva con chispas y fuego
convirtiéndolo en figuras rupestres para nuestra historia.

Comimos de los manjares más sabrosos
sin más nada que el condimento secreto,
ese condimento que creíamos no saber que existía,
logrando el sabor que no se siente en cualquier sazón.

En compañía disfrutamos de amaneceres luminosos sin sol,
transpiramos juntos en las noches más frías.

Cómo he de contarte mi fantasía
si esta fue mi amante y amiga
mi amor cercano y distante,
para mí fuiste la flor,
tan real
como siento ahora estas palabrías.

Fuiste capullo y espina,
cuando lo quise arrancar de su raíz
me causó heridas
pero cuando solo lo aprecié, lo observé,
se volvió florido y sensual,
perfumando los días.

Me regalaste alegría,
fuiste amante,
una grata compañía.

Si algo deseo
es que no sean eternos
los días que permanezcas conmigo
y no estés.

Sigo creyendo que el viento
no me traerá solo tu aliento,
sino que te pondrá junto a mí en otra forma
en alma y cuerpo....

No me diste opción
avasallando con tus cantos
desentonados de alegría.
Di vueltas al mundo y no encontré
paisaje más bello que una sonrisa.
(Quiero vivir ahí).

¿Habrá algo más suave que las caricias?

Nunca me pude ver más expuesto y desnudo
que cuando abrí mis ojos y vi los tuyos.
Yo solo nací en un lugar, sin pertenecer a ningún lado,
tampoco tengo tiempos, pero me persigue la edad
y ser libre es mi elegida realidad.

Por ser así,
amaré tu ser que siente como el mío.
Barriletes, hojas al viento, pájaros, ríos,
montañas, cascadas,
profundidad y superficie,
locura y realidad,
fuego y frío,
esos espacios infinitos.

Sexo amoroso y despiadado,
desenfreno y prudencia,
todo eso fuimos

y somos aún mucho más,
¿Cómo no amar?

¿Sabes que no te quiero mía?

Te Amo tuya, me Amo mío,
eligiendo compartir las libertades,
regalándonos comprensión y cariño,
no dándoles demás importancia
a lo que las teorías digan,
disfrutando del momento sagrado
que da la compañía.

Quien sabe si no fundimos gotas de lágrimas
reprimidas en la distancia,
resonando en el hueco que deja la ausencia en las almas,
tuya y mía.

Tenemos lo que merecemos
y lo que merecemos solo nos da la vida.
Esa vida llena de infinitos rostros y caminos cruzados,
que por más vueltas que demos termina en lo que somos.

Quise elegir conocer tus alegrías y enojos,
junto a tus felicidades y tristezas.
Si me cansaba de eso y vos te cansabas de esa,
hubiera intentado otro modo.

Filosofamos y deliramos,
hicimos lo que deseamos compartir,
con música y sin ella,
y cuando no sonó, nos convertimos en la figura de esta.

Me faltan palabras para tal descripción.
Me siento un rebuscado y un falso
por no poder mirarte a los ojos
y solo escribir tantas letras.

Quisiera decirte en poesía
lo que depara la realidad de mi día
y poder con mis manos tibias
pintar tu piel fina.
Quisiera abrazarte y volver a soñar,
durmiendo cucharita.

Mejor ganemos el tiempo y sigamos amándonos,
no diré más cosas,
no pondré límite a lo ilimitado.
Me dejaré ser en forma sencilla,
silente.

Hablaremos en nuestro silencio,
nos tantearemos en la distancia
sin deseo de poseernos,
con intención de reconocernos.

Creímos las verdades
y dudamos lo que creíamos mentira
caminamos cercanos o distantes,
ya no sé, solo te soltaré.

Y vámonos...

San Cristóbal de las Casas, Chiapas, México
Diciembre 6 de 2017

Lo supimos

Una vez supimos que el Amor
es la única respuesta lógica
que por momentos genera preguntas
y en ellas mismas están las respuestas.
Supimos que carece de tiempo y forma.
Lo supimos porque lo vivimos,
lo proyectamos en la mente
y palpitó en el corazón.
Cuando sucedió lo neófito
que existe en el individuo nos asustamos,
vos fuiste por tu lado
y yo marché por el mío.
Por mi parte elegí amarte
y vos me dejaste hacerlo,
sentimos que era sanador
como un maestro sabio o un duende travieso.
Todo fluye y llega a un punto
en el que se transforma
respetemos su flujo o no, pidamos o no,
porque sigo creyendo que tenemos lo merecido.
Nuestras acciones son la petición más concreta

que se manifiesta en el inconsciente dormido.
Aunque la petición se manifieste en algún momento
no la recibimos.
No siento que nos quisimos,
siento que nos amamos a más no poder.
Cuando uno se arriesga a saltar al abismo
y cruzar la senda trecha
esta duda se manifiesta ante los ojos
al alcance de las manos
y aun así no dejamos de dudar.
Luego de que la vida nos cruzó
y nos unió con su hilo rojo,
dejó de importarme el pasado y el futuro
solo me importaste vos.
¿Qué fue esto? ¿Es esto el Amor?
¿Cómo se logra conocer a una persona
sin aplicar el arte de la aceptación?
Amar disloca la lógica y mata el tiempo.
Me pregunto: ¿por qué digo que amo
si no estoy más que hundido en recuerdos?
Tu cuerpo se fue lejos
y tú ahora bailas con el viento,
tus besos ya no son lamento
y a tu aroma lo soltaré en el tintero.

D.F., Ciudad de México
Diciembre 7 de 2017

Una flor

La más radiante que habitó hasta ahora
en los jardines de mi alma,
adornándolos con extravagancia,
envuelta de sencillez y simpleza,
ternura y sinceridad en su hermosura.

Un suave y dulce aroma que suspiraron mis pasiones.

Caminaré por el laberinto de los recuerdos,
para volver a mí,
recordándote una vez más a ti.

Trataré de desnudar lo más profundo,
alma, sueño, anhelos, deseos.
Convirtiéndome en poesía
bailaré con el sentir.

Tuve un sueño una vez y tenía tu forma.
Sueño despierto y esa forma sigue en él.
La libertad de los vientos, dueños del susurro,

hoy hablan profundo, en el silencio dominante
apoderado del ser.

La luz de tu luz
iluminó un lugar oculto de mis miedos,
permitiéndome ver que la vida
cuando da una alegría,
al máximo hay que disfrutarla,
porque como la da, la quita.

Me encandiló tanto reflejo,
quedé perplejo al descubrir la esencia.
(No podía entender lo que divisaba).

Entre la confusa perplejidad, te deseé.
Ese mal genio opacó el calor que da vida
y me empezó a enloquecer el capricho.

Pude volar en la inmensidad del cariño,
palpar alturas impensables
para mi poco entender,
por liberal y efímero
que se convierte en momentos
de las emociones el trajín.

Navegué en las profundidades de la piel
 sin importarme el riesgo,
dejándome sumergir en alma y cuerpo.

Sentí el roce y el contacto,
escuchando la música del silencio
y sonaban los retumbes de los latidos.

Ahora veo el sueño de lejos y es difícil distinguir,
si amor y deseo
son complementos para todo este decir.
(Me confunden).

Dentro de mí hay una verdad
más penetrante que mis palabras
y en la esencia de mi razón
escucho una voz
que me dice:
"No te quedes con lo que fue,
porque es lo que es y somos lo que somos.
Ríos de fuego que corren con intensidad
para una dirección con fuerza y pasión".

Hay realidades carentes de sentidos coherentes,
cuando trato de entender,
algunos de ellos me vuelven loco.
Un sentido ilógico al que solo le da la respuesta
 el tiempo del fluir.

Estemos donde estemos
ese es nuestro lugar y no importa dónde ir.

Vos fuiste una flor entre florales.
¿Solo tu dulce aroma es lo que queda?

En la esencia se fundió mi anhelo,
mi corazón, mi sueño,
mi gusto.
Siento un único y nuevo sabor.
Mi pasión se inclinó por la exuberancia
de esa presencia,
que hoy solo puedo divisar
a ventana abierta,
mirando una parte de la nada,
una mano en la mejilla derecha
y el codo izquierdo muy cerca de la mesa.

Esa nada que solo se puede ver en la tinta
y se palpa en el papel.

No son nada estas líneas,
¿para qué?
Si nadie puede describir el Amor solo en palabras.

Solo Él tiene la descripción correcta de sí mismo.

Es verbo y acción concreta,
es el todo que habita en la nada.
Es vida y muerte,

es tranquilidad e inquietud,
es conjunto de opuestos y sinrazones,
es la sensación de caer en un precipicio
y en la caída sentir que uno puede volar.

Puro riesgo y vértigo....

En ese precipicio es donde veo la nada,
recordando en el suplicio de mi nostalgia.

Tengo otro sueño y sigues estando.
¿Por qué no te vas?
¿Qué te ata a mi corazón?

Ni aun meditando dejo de visualizarte.

Mi cariño quedó exhumado de mí,
fundiéndose en la desnudez del alma
quedando expuesta mi vulnerabilidad
ante la magia del Amar.

Esa fantástica magia sanó heridas,
quitó la ignorancia generada
por dudar si existía
la realidad de elegir la otra mitad.

La duda hizo a mi cabeza ansiar poseerte,

queriéndote tomar para mí,
mintiéndome con astucia te alejó.

Tus pétalos, flor,
vivirán en el cofre de los recuerdos,
ese lugar misterioso,
donde el pasado se empolva
y se queda.

Las manos del amor no amarran,
ellas solo sostienen.

Mi egoísta alegría no quería que te vayas,
sin recordar que la materia como viene se va.

La compleja nostalgia me sigue jugando sucio.
Desgarrando mi orgullo,
porque en esta matemática dos no será uno.

No siempre se logra saber ciertas cosas con certeza,
pero tengo la esperanza de volver a verte
y compartir un instante nuevamente.

Ya no sé si soy el que fui,
pero sí se que soy el que Soy:
apasionado soñador,
la libertad de reír y llorar,

de caer y levantarse
para volver a encarar,
de caminar y elegir,
el cambio de parecer
cuando lo es necesario.

No me culpo de haberte Amado
y no puedo culparte por ser libre,
porque así es como te he Amado:
intensa y cambiante,
vagabunda y libre,
soñadora de lo infinito,
buscadora de lo inaudito.

Bella flor,
¿cuánta tinta y papel se agotarán en mi querer?
en este inherente consuelo
que me inspira a escribir
trayéndome recuerdos,
impulsándome a seguir
hacia adelante.

Dejaré de divisar ese reflejo
que hizo ver una parte de mí,
esa que no se ve en cualquier espejo.

Viajar y reír.

¿De qué sirve,
sin poder compartir
esa gracia de ser libre
en todas sus formas?

Al desenmascarar mi ser comprendí:
una parte de mí ya no es lo que era,
la poesía, la música, el arte
son las voces del silencio que me hablan
las que no quiero escuchar en ciertas circunstancias
por el peso de su verdad.

Ese silencio abrumador hoy lo comparto,
para que se sienta el cariño desnudo
de un corazón entregado
a la intensidad espeluznante
que ocasionalmente presenta la vida.

Así, solo así,
me vuelvo un niño,
y logro explorar
lo recóndito del alma,
sin miedo a lo que será,
lleno de curiosidad.

Un deseo,

es volver encontrarte
y abrazarte sin motivo alguno,
sin decir nada,
porque no caben las palabras
en los sentimientos encontrados que tengo.

Amo la libertad y aprecio el vuelo.

Comparto la idea de los caminos individuales,
sabiendo y sintiendo que una vez nos amamos
y punto.

Nos regaló el hermoso elixir de compartir y sentirnos,
de desnudar el alma y el cuerpo.
(Esos caminos inhóspitos).

En la búsqueda hacia la inmensidad de Amar
pregunté y solo hallé
que el miedo nos paraliza
no nos deja ser, nos ata.

Ahora sé con certeza que somos reales.
Nuestro encuentro floreció en mí
un instinto natural y divino.
Descubrí el sabor del Amor
y no dejará de ser

mi único consuelo.
Sueños distintos
que se vuelven un mismo sueño.

Te Amé
fundido en el recoveco de la timidez,
buscándome esconder en el silencio que no se calla,
con mi brújula hacia el infinito y más allá.

Te Amé,
por más que estas palabras por ahora no sirvan de nada,
porque son para mi propio consuelo.

Soy sueño y fuiste parte de él.

Mi suerte es estar donde estoy,
otro sueño que tuve era volver a estar con vos,
parte de ese cariño se tatuó en el corazón.

Te amé sin fronteras
y sin limitación,
sin certezas
más que la decisión
acompañada de acción.

Ahora siento que es extraño
porque fuiste parte de mi canción,

un punto de arranque en esta inspiración,
una petición a mi Dios
y parte del paisaje etéreo
fuiste un punto
que no existe en el tiempo.

Mi corazón se había pausado en tus latidos
y ellos fueron el pulso de mis versos,
por eso estuve allá y ahora acá,
flotando en las espesuras de un recuerdo inconmensurable
que está brotando de un corazón
y decanta a un puño entregado.
Con agua de esa fuente estoy regando
y con mi ser en un presente aletargado
comparto mi devoción.

San Cristóbal de las Casas, Chiapas, México
Diciembre 6 de 2017

Tarde de abril

Triste tarde de abril, jugando con cupidos estabas.
Jugaban inocentemente a ver quién lograba
flechar dos corazones.
      Distraído uno de ellos tiró mal un flechazo,
desgarrando dos sin razones.
      Un corazón quedó sangrando y el otro malherido
no entendió nada.

Como flores en un jardín brotan lágrimas de dos miradas,
por ver morir los sueños y secarse las ilusiones y esperanzas.
      Tiemblan impulsivamente ansiosos los labios,
      sin entender qué pasa.

Se acercan las manos apretándose, se agarran.
      Y el silencio intenta consolar al sentimiento,
    confundido, se amarga.

La desesperanza y el llanto
resuenan en el eco de esa tarde,
    y el suspiro comparte con la pena,
    un largo trago amargo.

Sin deseos amorosos que cumplir,
ruegan por perdón los cupidos ese cinco de abril.

San Francisco, Córdoba, Argentina
Abril 7 de 2009

Despedida

Chau, ilusión,
mi orgullo murió
cuando brotó la tristeza de mis ojos.
Te regó como una planta,
yo no lo quería hacer,
pero lo hice.
No me duele la despedida,
me duele asumir que te vas.
O, tal vez,
que volverás tomando otro rumbo.
Porque el mío ya es otro,
aunque nuestro final sea el mismo.

No volveré a contener
ni una sola lágrima,
ya no reprimiré
mi carcajada ahogada.
Voy a desatar el nudo de mi garganta.
Cuando mi vista se nuble,
no me contendré
y dejaré que llueva.

¡Chau, ilusión!
Te vas entre la gente.
Tu sonrisa la busco y ya no está,
es diferente.
No se vació mi alma.
Mi corazón reboza
de alegría y encantos.
Me di cuenta
de que no es vana la tristeza,
me enseña
que no es absurdo el llanto.

San Francisco, Córdoba, Argentina
Enero 30 de 2012

No regreses por el ayer

No mirés atrás en tu regreso,
me iré con vos y te quedarás conmigo.
No dudo en decir que lloro.
Mi alma solloza como bebé nacido.
Te abracé como madre
que deja ir a su crío solo
por primera vez a alguna parte
que con su tierno y triste mirar dice:
¡te quiero acá, de vuelta!

Nunca se apartará de ti
por más solo que camines.
Bueno, así soy yo:
tierno mamón,
que cuando le querés enseñar se retoba.

Otra vez me siento fuera del cascarón,
un poco asustado, quizá desprotegido.
En fin, chau...

Vuela, paloma,
lleva tu mensaje por el mundo
una parte de él está perdida,
tiene que conocer el laurel
que llevas en tu pico.

Colonia Prosperidad, Córdoba, Argentina
Febrero 3 de 2012

Una hasta siempre no es olvido

Sé que te tengo que dejar ir
le duele al orgullo que cree ser dueño,
al ego de creerte mi premio,
a mi deseo y a mi anhelo.

Tu compañía le dio vida a mi soledad,
motivos para buscar un propósito
aceptando su realidad.
Realidad de volar
sin temer al despegue ni al caer.

El saber que te fuiste ya de una vez,
hace creer al fantasma del pasado
que irás a volver.

Pero la realidad asumida no me deja verlo así,
solo me permite aceptar que sos libre
que amarte es soltarte, dejarte ser.
El ser nos lleva a comprender,
que fuimos y somos complementos del amor.

Que ni vos ni tampoco yo,
frenaremos la fuerza que mueve este motor.

Entiendo que el camino en este trecho es angosto,
que en este trayecto no hay espacio para dos,
chau, cariño, parte de mi corazón,
que te diga hasta siempre no significa adiós.

San Cristóbal de las Casas, Chiapas, México
Fines de noviembre de 2017

En palabras, un inexplicable misterio

Si te dijera que no miento,
te estaría mintiendo,
si te dijera que ya no deseo,
me estaría reprimiendo.
Si te dijera que mi ser está tranquilo
no sería mentira,
pero sí un término poco excesivo.
Soy muy defectuoso a mi parecer
y de eso ya no reniego,
porque al visualizar mis defectos
cuando logro verme,
me corrijo, me renuevo y crezco.
No sé si se puede poner en palabras
o dibujar en letras
tan profundo sentimiento.
¡Jajaja!
Me parezco a un adivino
con su bola deduciendo un argumento.
Aunque de este raro y hermoso sueño
aún no he despertado,
creo que la benevolencia

de aquel día que nos ha cruzado
puede volver a lograrlo.
Pero si nos cruzara, ¿quién lo sabe?
Estoy seguro de que la leyenda del hilo rojo no es mentira,
y es cierto que ese hilo no se corta
solo se estira,
porque no me siento aferrado,
pero seguro estoy de que estamos conectados.
Con todo esto solo busco llegar al destino
donde nos aguarda el gran tesoro.
Somos dos espejos claros, precavidos,
donde se reflejan las almas y se ve lo escondido.
Eres una sirena que en mi mar se ha sumergido
y yo un marinero a la deriva en un navío
al cual cautiva tu canto
veo tu risa que me hipnotiza y me caigo.
Me atrapas llevándome a la profundidad
para rescatarme allí a solas en tu cueva escondida.
Cada vez se acrecienta más y más
el misterio de la trascendencia elegida,
esa que te hace entender que la verdad
a veces puede ser la mentira.
Más de una vez mi enojo
dijo que a ciegas nunca más se enamoraría,
olvidando que el corazón siempre sería
el que elegiría.
¿Por qué mencionar el enamoramiento,

cuando la realidad aún no está dicha?
Hay que saber que al ave
por más que se la enjaule
y no pueda volar ni cantar
seguirá siendo ave.
Es notable que soy un poeta enamorado
y un rebelde llorón.

En esto hay algo que advierto
y es que tiene que tener fuerza un ser
para levantar, sacudir y desnudar
este entregado corazón que está quieto.
El misterio del cual hablamos,
ese que nos une, me hace soñar.
Es el que hace a mi palpitar
volar hasta tu corazón y unir en letras
este amedrentador.
Es el mismo que endulza el oído
y cosquillea con sensación.
Quien me convierte en poeta
y a vos en mi inspiración.
La noción se pierde
cuando la emoción es más fuerte que la cordura.
Esta nos lleva a la unificación
para que de dos cabezas y dos corazones
broten mil razones

para terminar en una misma conclusión.
Mi espíritu se reverencia en oración,
para que la fuerza santa quite la curiosidad
de saber si es cierto o no.
Porque por más que lo sientas y yo lo crea
¿quién conoce la respuesta
de esa fuerza omnisciente y su evolución?

Cuesta Blanca, Córdoba, Argentina
Octubre de 2018

Sé fuerte, mariposa,
no permitas que corten tus alas,
tan simplemente así,
como cortar el tallo de una rosa.

Hito de mujer

Brotan de sus experiencias esperanzas llenas de historias,
forjando en las orillas de ríos y mares paisajes de motivación.
Reflejos rojos por el atardecer pintan en degrade amarillento
el camino a la aventura.
Sobre sus pies descalzos avanza como soldado con armaduras.
Nadie puede ponerse en sus zapatos, si con ellos jamás caminó.
¡Ahí va!, gritan intimidados.
El misterio produce incomodidad
el prejuicio balbucear,
dejando revuelo por donde la vean pasar.
¡Loca!
Expresa el sentir
confirmando que la esperanza acaba de venir.

Colonia Prosperidad, Córdoba, Argentina
Un día de 2011

Mariposa de sueños

Mariposa que vuela en los sueños,
suspiro que llega como brisa del mar,
no te conviertas en un zángano que se eleva y cae,
no dejes que esa brisa traiga a tu alma enfermedad.

Párate y mira el horizonte,
pon en tu mirar el objetivo
       échate a volar,
por amor llegarás a destino.

Tu aleteo no es briza,
tu fuerza genera tempestad,
ya verás que el esfuerzo no es vano
cuando eliges sabiamente qué corriente tomar.

Sé fuerte, mariposa,
no permitas que corten tus alas
tan simplemente así
como cortar el tallo de una rosa.

No dejes que la oscuridad bloquee tu andar,
y sigue aleteando,
que las ondas de tu vuelo van llegando,
aire de esperanza traerán.

Vuela, mariposa
en este trayecto de existir
solo tienes que seguir eligiendo
lo que vivir vas pretendiendo.

Colonia Prosperidad, Córdoba, Argentina
Enero 30 de 2012

Amiga del viento

¿Dónde vas, amiga del viento?
¿Seguís el susurro,
ese que te hace remolinear?
¿Estás experimentando nuevas brisas?

Si así es,
te darás cuenta de que somos parte de su rumbo.
Si te dejas seguir llevando
conocerás nuevas corrientes,
y no te asustes si repentinamente
 se cruza un oscuro abismo.

El riesgo es parte del volar, no tengas miedo.

Anímate y verás
qué buenos maestros son los infortunios,
luego sabrás cómo mutaste en la caída,
por momentos en ramas irás colgando
y al suelo caerás.

Diviso de tu ser, arborecer
y es tan nítido que opaca el otoñal gris de tu ayer.
Observa y aprende,
que por más que mueras renacerás en otra forma.
Te aseguro, amiga del viento,
volverás a ser el verbo de tu cuento.

Colonia Prosperidad, Córdoba, Argentina
Un día de 2012

Justina

Llena de coraje su espíritu
busca un encaje,
en algún lugar del mundo,
donde dejar atrás su pasado
en algún lugar profundo.

Trata de descansar,
pero en la expectativa de todo,
duerme,
sin cerrar los ojos.

Siente justicia cuando tiene el poder,
tiene el poder con su querer.
Trata de mantener la calma
cuando agonizando está su alma.

Por más que deje volar sus sueños,
suele sentirse como pájaro en cautiverio.
Es un cristal transparente y frágil,
solo el choque de una lágrima
modifica su imagen.

Baila entregándose al fluir de los tambores,
de las guitarras y los cantores.
Sus caderas son el impacto
de una sirena que cautiva con su canto.

Su mirada habla a través de sus ojos
así desnuda todo su interior
vulnerable y hermoso.

Claras son sus pupilas
Como un mar de melancolías.

La esperanza de volver adonde nunca fue,
genera simpatía.
el ser lo que es
resuena en armonía.

Colonia Prosperidad, Córdoba, Argentina
Marzo 20 de 2011

¿Dónde vas?

¿Dónde irás, flor?
Tu tallo lastima, no se deja tocar,
el sol no te da calor
la noche no te envuelve,
tristes tus ojos, solo tu almohada entiende.

No te fanatices y fastidies,
desata tu alma así encontrarás calma.

No te ves ni con la luz prendida.
Cierra tus ojos y mira...
Sé sincera con vos misma
y verás una salida.

No pertenezcas,
no se traiciona el corazón,
no busques tener siempre la razón.

Colonia Prosperidad, Córdoba, Argentina
Enero 23 de 2012

Aprendí a amarte

Con tu ametralladora de palabras
te metiste en mi cerebro,
llenándolo de letras y amalgama.

No quiero sexo,
no quiero un beso,
no deseo tocarte,
conocerte anhelo.

Tengo tu sonrisa,
y tu boca abierta a gran escala.
Sueltas la carcajada como vibrado de guitarra.

Extrovertida y eficaz,
amable y audaz.
Tu mirar conjura,
es sacrificio con puñal.

Tu talento es el arte de ser vos,
tu locura un don,
tu inocencia enternece,

y tu canto me da gracia,
tu profunda mirada está
como fijada en la nada
y la veo luminosa
como el brillo del alba.

Mi cariño por vos,
sincero sin manchas.

San Francisco, Córdoba, Argentina
2011

Los vi

Los vi abrazados con fervor y el brillo de sus ojos me conmovió.
Qué tristes que son las despedidas, ¿no?
Como la nieve sin mancha es el amor.

En momentos no se puede crear la esperanza
sin saber que puede haber un regreso.
Me refiero a la esperanza cuando se dice adiós
y las almas habitan tan lejos.

¿Quién puede retener el nudo de la garganta
cuando se emancipan los recuerdos?
¿Cómo se logra desprender del pecho el cariño que siento?
¿Cómo expresar en palabras
cuando el llanto te toma desprevenido?
Que se quede o que vuelva, es el único deseo en ese momento.

¡Que no se empaquen los corazones!
Que se entreguen libres y desenvueltos,
Solo así el amor y el mundo se vuelven algo real.
En ese momento:
¿quién te puede vender fantasías?

¿Vos?, ¿él?, ¿yo?

Abrazos, besos, lágrimas... eso es real.

Norte, sur, este y oeste conforman los hemisferios
y unen los polos.
Traspasan los muros.
¡Así se borran fronteras!
No es la religión lo que nos divide,
sino la obsesión por las creencias.

Los atardeceres, verdes como el mate
y las noches, cubiertas de estrellas.
Fiestas, acuerdos, peleas, enojos, sonrisas y llantos.
Todo muestra que vos, él, yo,
nosotros, somos parte del mismo todo.

San Francisco, Córdoba, Argentina
Abril 8 de 2012

Locos momentos contigo he vivido
y sin embargo en el aire estás conmigo,
a otras dimensiones llevas mi mente,
mi corazón por vos siempre latente.

¿Dónde fueron?

¿Dónde quedaron aquellos sueños perdidos?
¿Y esas fantasías de cuando éramos niños?
Es distinto el mundo en el que hoy vivimos,
¿cuándo nos fuimos que ni cuenta nos dimos?

Hoy mi realidad saca lo que estaba cohibido,
me conmuevo al pensar que todo está escrito.

¿Qué es de los sueños, si están en un rinconcito?
¿qué será de las fantasías si perdemos nuestro niño?

¿Dónde irá el mundo?,
porque yo lo necesito.

Sigamos volando,
sigamos viajando,
sigamos subiendo,
no paremos, halconcito.

Colonia Prosperidad, Córdoba, Argentina
2010

Mirar más allá

A través de tu mirada me ves
y con tu simple sonrisa el mundo cambiaría.
El reflejo de tu mirar ilumina un oscuro pasar
y con la madurez que te envuelve
lo oscuro va quedando atrás.

¿Qué te puedo explicar?,
parece que naciste sabiendo.

El pasado te enmudece,
el presente te enaltece
y tu futuro aparece
con un extremo potencial.
Vas saturando los oídos
con tu capricho audaz.

Tu inocencia desafía a esos mayores
que creen ser superiores.
Y los miedos no reconocen el terror
de que cada palpitar es el tiempo
que te irá robando la inocencia,

e irá forjando tu conciencia,
como trabaja el artesano,
la paciencia y la experiencia.

A través de tus ojos,
el reflejo del futuro,
es la esperanza del mañana que pasó.

Colonia Prosperidad, Córdoba, Argentina
Junio 22 de 2011

De hermano a hermano

Hoy te vi a pesar de que estemos lejos,
hoy se me anuda la garganta
expresándote este humilde verso.
Cada día que pasa
es como decir que cada vez más te quiero.
Sigo siendo el más chico y aún sigo creciendo.
Te juro por el amor que nos unió,
iría donde estés para darte un beso,
mirar tus ojos y ver cuál es tu anhelo.
¿Cómo se puedan contar los hechos
que nos dieron risas y llantos?
¿quién puede borrar los recuerdos?
El amor y el odio entre nosotros es un solo factor,
espejos.
Sabes, hay momentos que siento
que en las otras vidas fuimos guerreros,
que morimos por defendernos.
Que en las fantasías nos trajo la misma cigüeña,
y en el sueño nos acobijó el mismo repollo.
Otras de las muchas cosas que pienso en este momento,
¿por qué pasó esto?

Las mentiras que dijimos,
los inventos que hicimos,
por más falla que existió,
vos siempre listo como fiel perro.
En algunos momentos padecimos y ahora me da alegría,
porque por más que no hayas estado, pude sentir tu compañía.
Cuando sobró la duda,
nunca faltó la sorpresa.
Puf, que se hace difícil escribir
lo que el corazón en este momento expresa.
Ya no te extraño,
te tengo tatuado en la piel de la flor de mis recuerdos.
Ahora estoy acá, en el desierto de mis sueños,
el mar es turquesa y sin estar en el aire floto...
Por suerte no lo hago solo,
vos sos el duende que se me aparece
y me hace regocijar.

Nos ponemos a bailar y hacer estupideces.
Vamos, bailen monitos,
cada nota es una lluvia de recuerdos,
y si se te cruza una lágrima como a mí,
no la reprimas y déjala jugar
por el tobogán de tu nariz.
Ya sabemos muy bien que a veces
la felicidad llora a escondidas
y se aísla sola en una choza
en medio de la melancolía.

Los amigos, los fogones, los asados,

los rock and rolles y los vinos,

las peleas junto al desorden, el perdón, la reflexión y el olvido.

El jugar a lo mismo se vuelve aburrido,

y suele ser entretenido sacar trapitos al sol,

hasta que de tanto sacar, algunos salen podridos.

Como corre la sangre en las venas,

así nos lleva el destino,

sin embargo, seguimos siendo casi lo mismo,

y si no fuera por el casi,

nunca hubiéramos crecido.

Vuelvo a lo mismo,

¿cómo fue y cuándo pasó?

¿Por qué estaré redactando esto?

Ya no más preguntas,

ya no más recuerdos,

sigamos en el viaje de la vida

que vos y yo estaremos siempre en compañía,

de hermano a hermano, en vida o en muerte.

Cabo de la Vela, La Guajira, Colombia
Junio 28 de 2016

¿Cuánto tiempo?

¿Desde cuándo nos habitamos?
Si en vidas antañas eras una niña vieja.
Creciste repentinamente a tamaño de miniatura,
por eso tan fuerte, inocente y astuta.
Si ayer cuando nos vimos,
logré imaginar un futuro presente
y ahí quedé un tiempo atrapado,
no pudiendo dimensionar el ínfimo punto,
que del pasado y el futuro se conforma una eternidad
en este estado presente, en el cual existimos.
¿Viste que en este plano
nos tocó crecer en un mundo de niños que creen ser grandes?
También podemos caminar tomados de la mano
en distintas sendas y soñando juntos a miles de leguas.
Creo que hemos tanteado más de una vez la misma estrella
con la música y en sus noches.
Hoy me veo montado en esas mariposas
que solíamos correr para atraparlas y quitar con nuestros dedos
de sus alas el polvo de colores,
para luego dibujar en nuestras caras.
Y esas sonrisas picarescas y esos colores de amalgama

y esas corridas en el campo,

hoy los suelto en recuerdo de alfalfas.

La briza que llega con el silencio manifiesta su canción que dice;

ni pasado ni futuro, solo estás hoy.

La misma brisa nos vio jugando en el montecito y me contó,

que se lo cantó un pajarito allá por lo de los Manzanelli

y creo que ya ni recuerdo quién me contó esto,

si la brisa o el recuerdo.

Si habrá cortado clavos el guardián asignado,

con el coraje de nuestras travesuras

y si habrá llorado con nosotros

cuando no había más remedio que la amargura.

Me dejaron escrito sobre una hojita de acacias que eran ricas

las comidas de hojas secas con cascotes y palitos

y que también disfrutaban mucho la tortita de barro como postre.

Leí en la nota, que en el futuro que aún no vemos,

seguimos jugando.

Mirando la luna vi el camino que nos lleva a cumplir

con el requisito que solo es un misterio.

Ahora yo estoy sentado y la mente volando

en las experiencias vividas por una cuestión de sangre

que hizo que hoy seas amiga mía.

San Francisco, Córdoba, Argentina

2012

Mutación

Sigo siendo el mismo, pero muté.
Llegué a pensar que la esencia no cambiaba de formas
y que el amor se conformaba con palabras perdidas.
Pensaba que el aislamiento era una salida pronta,
Llegué a pensar tantas cosas....

Pensaba que pensar bien era pensar en días postreros
sin tener claro lo que para mí quiero.
Pensaba que Amar a Dios era creerme santo y bueno
olvidando que la carne está llena de defectos.
Pensé que andar el camino correcto
era el que me dijeron que transite sin tener mi propio criterio.

Pero ahora entiendo un poco más
y veo que parte de la esencia que me dio la vida,
eligió que tu vientre sea mi matriz
y que mi alimento nazca de tus senos.
De algunos de tus dolores aprendí a distinguir lo que es malo
y lo que es bueno.
Gracias a Dios los santos no me cuidan,
porque mi estrella es la que me guía.

Ahora el fanatismo por otras ideologías ya no es mi agonía,
tengo criterio, tomo lo formidable
y descarto lo que no creo correcto.
Mi amor crece de sol a sol
y se inspira como la marea del mar
acrecentado por la luna.
Alimento mi conocimiento
como el jardinero cuida sus plantas,
regándolo con el agua de la fuente que da vida.

Madre, la guía en los momentos de mis perdiciones,
el pañuelo que secó mis mejillas,
en mis asfixias confundidas,
la cobija en mis noches frías y el beso,
tu beso,
es la brisa que me regala una sonrisa.
Tu fertilidad fue la dicha de un árbol
con raíces firmes y profundas,
donde anida el cantar de los pájaros andariegos,
donde el fruto crece y cae para un ciclo nuevo.

Ciudad de David, Panamá
2016

Por más lejos que vaya nunca podré alejarme de mí.

Por más afuera que mire, no veré otra cosa más que mi interior.

Por más que diga que no creo, la verdad no necesita de mi opinión
porque es acción, lo vea, lo crea o no.

Cuentos

Con la cabeza agachada vas pasando
y la incertidumbre te está aplastando.
Tus pensamientos son abismos sin fin,
buscado el sentido tu vivir.
Pese a tu pesar, vas irradiando potencial.

Miras a los costados y a los ojos los esquivas.
No te sientes seguro donde estás parado.

¿Para que nací?, te preguntas sin encontrar pretextos
para justificar tu existir.
Vienes con caprichos y tantos son los que tienes
que ya no sabes qué pedir.

Cuando te miras al espejo te das cuenta
que sos más que un príncipe de cuentos,
parte de una nublada historia de terror.

Cuando te sientes atrapado por comodidad
prefieres quedarte estancado.
No buscas salida por miedo a la libertad que da la vida.

Bájate del caballo que estás cabalgando
que al matadero te está llevando,
mejor deja la fantasía,
porque de la realidad te está alejando.

Colonia Prosperidad, Córdoba, Argentina

Junio 5 de 2011

No intentes escaparte

No te vayas, no huyas,
nunca podrás escapar de tu realidad porque ella sos vos,
por lo tanto, el problema habita en vos.

No eches la culpa y enfréntate hasta el fin,
para todo hay solución.

No reniegues de tu error que todos nos equivocamos.
Siempre hacia adelante que el futuro no es distante.
Escarba en tu interior y acepta tu pasado,
observa tu presente y analiza quién sos,
no te creas un juguete.

No tiro en tu contra,
solo desfavorezco al orgullo.
Si buscas nueva vida, existirán problemas de verdad,
al final, esta será divertida.

Que no te acapare la avaricia,
que por este y otros sin sentidos sufrirá tu alma,
por ellos será cautiva.

Seguí adelante sin reprimir tu corazón,
recordando que de ahí nace la vida
y que si lo ahogas, te la quita.

Libera todo tu existir de dogmas y paradigmas,
que el motivo de la vida no es la agonía,
fin.

Colonia Prosperidad, Córdoba, Argentina
Abril 11 de 2012

Bailarín de tu ego

Sabes bailar en la cuerda floja y eso te divierte.
¿Pero tendrá sentido hacerlo?
¿Si se suelta para que caigas?
Verás que tu locura no es absolutamente la cierta,
pero le encontrarás sentido.

Estás flotando, hormiguita
y no sabes para dónde ir
y aun así tu burbuja de orgullo
no explota por más que la pinchen.
No seas ingenuo que no te las sabes todas,
tampoco te consideres un gil.

Tu cautividad de salvar al mundo,
¿no empieza por donde vos elegís?

No seas necio,
tu impulso no sean mujeres y farra.
Que tu fuerza sea tu sueño
por el cual tendrías que realmente vivir.

No hay amuletos,
no existen dioses que te saquen.
Es solo tu confianza la que te impulsa a seguir.

Volvés a caer en los caminos de las lujurias
y no encontrás sentido.
¡Date cuenta que solo es eso!

¡Bajá al mundo que hay fractales tuyos en él!
Viví tus sueños.

Si estás en este punto es porque no te podés mentir.
Es la sabia conciencia la que te ayudará a elegir.

Colonia Prosperidad, Córdoba, Argentina
Enero 16 de 2012

Nadie quiere acompañarte

No sigas jugando a las escondidas
que ya nadie te acompaña.
¿Cuántas veces te descubrieron
y vos como siempre, no querés salir?
Culpás a otros que hacen trampa,
y sos vos el que no entiende el juego.
No encajás con tus compañeros
y te frustrás cuando no sos el centro.

Querés que se juegue a tu forma y no conocés tus reglas.
Afiná un poquito el oído y aprendelas.
Marioneta de la vida serás sino juegas con ellas.
¿Hasta dónde llegarás en tu atmósfera de orgullo?
Te sonrojarás cuando dejes de flotar.
¡Todos actuamos alguna vez mal!
Pero no culpes a otros de tu realidad.

Colonia Prosperidad, Córdoba, Argentina
Enero 17 de 2012

Cronómetro

¿Cuál es el cronómetro que te apura para correr?
¡Quiero algo para parar el tiempo!
Vas muy rápido y eschancará tu motor.
Baja un cambio y frena,
que podés sorprenderte con un paredón.
¿Cómo crees que frenarás a tiempo?

¿Es tu cabeza o tu corazón?,
¿tus impulsos o tu razón?
¿Perdiste el espejo que ya no te miras?
¿Cuál es tu dirección?
¡Hacia dónde vas!

No hay tiempo de arrepentimiento después del golpe.
Dale, sos vos el que pone el límite.
Vas a llorar como cenicienta que pierde el zapato,
Y mira que la magia no siempre son fantasías.

Con paciencia y seguridad,
valentía y audacia,
coherencia y paciencia,

entrega y voluntad.

El fracaso no existe, solo es tropezón.
Podés levantarte de la caída,
luego verás que es más eficaz,
si no repites el anterior patrón.

Deja de lado tu reloj y frena un momento,
mira la hermosura de tu alrededor,
puedes avanzar mejor si no tratas de ir tan rápido,
la velocidad no te permite disfrutar
del transcurso de la transición
y si sueltas el acelerador no irás con el montón.

San Francisco, Córdoba, Argentina
2013

Desiciones
Reginalmendra'19

Haz lo que quieras y di lo que quieras.
Tus acciones hablan de lo que en verdad eres,
no son solo tus palabras.
Un verdadero cambio comienza
desde las pequeñas acciones personales.
Un jardín crece cuando el jardinero lo proyecta, prepara la tierra,
siembra la semilla, lo riega esperando paciente el crecimiento
y luego lo mantiene, quitando lo que daña
el desarrollo de lo que ha sembrado

SEGURO QUE MUCHOS ANTES QUE YO LO DIJERON...

Rebelde sin causa

Decís ser un rebelde y te dejás llevar por la corriente.
Hablan de engaño y tu nombre está prescripto.
Si te piden la mano, golpeás al que dio el suplicio,
queriendo ser superior pisoteás al vencido.
Y sin tu dosis no encontrás sentido.

No tiene caretas el que no consume,
y es fuerte aquel al que el vicio no lo hunde.
El coraje no se esconde en ficticia dimensión,
existe en tu realidad y tené compasión.
No midás tu hombría con una mujer,
sé valiente al amar, dejando a los otros ser.
No te creas vivo por estar tirado,
es la pena reprimida que te deja abandonado.
No respetás la libertad de otros,
y vos imponiendo tu razón, sobre todos.

San Francisco, Córdoba, Argentina
Enero 17 de 2012

Tu propio enemigo (sapo)

La vida nocturna es la compañera de tu soledad.
La luz es el perseguidor del cual intentas escapar.

De noche no descansas,
y al día no lo disfrutas, porque de él te ocultas.

Tu lengua te condena delatando a los demás,
solo por acumular riquezas, envidias y mucho más.
No las compartís,
no las gastás,
no tienes con quién,
solito estás.

Señalás con el dedo que gatillás,
no acariciás,
¡preso estás!

Temes al conversar
por miedo a que hagan lo mismo,
en la que vos andás.

No podés ir lejos de tu escondite,
te da miedo el desquite,
te aterroriza el mundo.

Sembraste riquezas y cosechás clamor,
te comió la arrogancia secando tu corazón.
De pena llora tu alma,
no tiene esperanza
ya no encuentra calma...

San Francisco, Córdoba, Argentina
Octubre 24 de 2011

Delirio

Farra y sexo, un arma letal eso.
Te llenó de fantasías y mentiras absurdas,
creaste realidades que ahora te asustan.
Fuiste necio al no cuidarte,
te volviste cobarde al después borrarte.
Fueron frutos de ignorancia,
porque sembraste con arrogancia.
Pasás las noches sin dormir
y a los días no los ves y no los vivís.
Decís que vivir solo cuesta vida y te autodestruís.
Secándote el alma está el orgullo, de tu familia te alejó.
La tristeza de vos se burló, la miseria solo te dejó.
Agonizás por ser quien eras, pero tu ego lo mató.
No permitís que te ayuden, la soledad te enceguece.
Siempre hay una chance, no la pierdas esta vez,
abrí tus ojos que hay un nuevo amanecer.

San Francisco, Córdoba, Argentina
Octubre 13 de 2011

Por no poder mirarte

El miedo a enfrentarte a vos, te llevó a ser uno más
de esos a los que la vida les pasa factura sin piedad.
Hermano, ¿cuántas veces moqueó tu nariz,
antes que salgas a delinquir?
Blanca y brillante...
No tuviste el coraje de estar pila sin su influencia.
Te dio la valentía para cargar el fierro y del gatillo jalar.
La muy criminal te robó la dicha de estar vivo desde muy pequeño,
enseñándote la forma más prisionera de querer vivir.
Sucias estaban tus manos con cosas ajenas
y tu sentir iba muriendo.
Tu almohada no conocía el peso de tu cabeza
porque la tenías extraviada y blanca la nariz...
Solo, tu sueño quedaba y tu sol casi no brillaba.
Te dijeron:
un conejo negro en medio de la nieve es presa fácil pal lobo.
No hiciste caso,
te sentaste, miraste el plato, lo calentaste, te acostaste
y no despertaste.

Quebracho Herrado, Córdoba, Argentina
Abril 1 de 2012

El Fiolo

Duro te pones y así te acostás,
te hacés el Che Guevara y sos como los demás.
Negociás con corruptos y con esos canallas te enroscás.
Mucha mentira se negocia hoy,
la tiranía te mueve y pisoteás sin pudor.

Adolescentes sin rumbo vas jodiendo,
creen que es su dicha y su mente estás corrompiendo.
Ese paraíso tiene mucho calor,
quema sus vidas oscureciendo su corazón.
Sus cuerpos y almas son como pájaros enjaulados
y su coraje de polvo se ve disfrazado.

Así las entretienes y como dinamita estallan sus mentes,
las neuronas secas de una vez.
Engañas a esos seres desde la niñez,
la adolescencia las salteó,
la madurez repentina y arruinada llegó.

Los sueños ahogados en charcos de ilusión.
Madrugan llenas de desconsuelo,
juntando las migas que les dejás en el suelo.
Ignorancia y consumo, ladrones del respeto y la dignidad,
herpes en el ojo, enfermedad social.

San Francisco, Córdoba, Argentina
Febrero 1 de 2012

Sueño blanco

Su corazón busca reparación estirando la línea de papel,
paralizando su realidad e intentando la evasión.

Asfixia su mente con humo,
dejando de lado los razonamientos,
para olvidar el daño del alma y su cuerpo.

Elimina el entendimiento sumergida en aquel veneno.
Profanando su templo
con un sentimiento como el hielo.

Cierra sus ojos, sin querer despertar.
No se apagan esos recuerdos
no la deja su mente estar.

Imágenes de su pasado,
ya no han de importar,
su presente es igual
no hay cambios.

No hay alegrías,
motivos sin igual,
para quedar tranquila,
elige la letalidad.

San Francisco, Córdoba, Argentina
2008

Mentira, realidad irreal

Mintiendo que lo quería,
lastimó su corazón con profunda herida.
Jugando a la ruleta rusa con los sentimientos,
amenazando de muerte su entendimiento.

Ya sabía que era asesina,
y el tercer ojo puso en la mira.
Aunque esté en rojo su nariz,
la coca ingería.

Así cautivó el corazón,
el monstruo manejó su vida.
El pulso auxilio pedía,
peleando mano a mano con la agonía.

¡Vas derecho a la cueva del monstruo, nene!
No hay marcha atrás y ya se aproxima.
No decidiste frenar y te diste cuenta tarde,
no eras una paradoja inmortal.

San Francisco, Córdoba, Argentina
2008

¿Dónde vamos?

Miradas perdidas que no saben dónde mirar,
la vida muestra su belleza y muchos la esquivan.
El sistema somete y otros lo han de aceptar.
Uniformados nos están rodeando,
Son nuestros pasos que están controlando,
Por sus apariencias se están alimentando,
y su misma alma de asco está vomitando.

Con mentiras y fanatismos,
¡con odio están educando!
¿dónde fue la transparencia?
¿dónde está el amor?

Atrapados en la red y atorados con popularidad,
negocian su ética, regalando su dignidad,
de los que se alimentan pocos puercos
que cuando los necesitan los fantasmas ya no están.

Maldiciendo y mendigando en la vida el niño va,
porque el poder abusó de él y ya no puede jugar.

Le enseñas a tus hijos a estudiar y trabajar
para luego ser dignos de dignidad.
Pero cuando paseas con él, viendo otra realidad,
sus ojos tapas para que no vea otra cara de la verdad.
No le explicas lo que pasa, temes al qué dirá.

Si la cosa anda mal en tu mundo
no culpes a los políticos y a la sociedad
porque que sos parte de ella,
¿y qué hacés por cambiar?

Colonia Prosperidad, Córdoba, Argentina
Julio 28 de 2011

Estaba metido en la jaula de mis pensamientos,
enredado dentro de ellos mismos.
Muy cómodo, dentro de formatos creados por mí
y buscaba abrir la puerta a mi libertad
con acusaciones y patadas, siendo que el portal no tenía trabas.
Yo solo tenía que abrirla suavemente, dar el paso y salir.

Si quiero, ¿qué quiero?

Quiero desahogar y arrancar mis dudas,
desprender la ansiedad de mi pecho,
ahorrar palabras y demostrar con hechos
lo que no quiero gritar porque de otro es ese derecho.

Creo en un Dios difícil de imaginar,
busco una forma de Amor que no sé entregar,
hasta ya creo que las mentiras pueden ser una verdad.
Creyendo en una perfección que no puedo aún divisar.

El perro duerme con frío a la intemperie,
guardianando por su héroe.
Y yo recostado en la cama,
no puedo descansar cuestionándome
un lejano mañana...

Protesto por tener que extraer la miel de un enjambre,
ignorando que estos seres para alimentarme
trabajaron existiendo sin cuestionar la existencia
cumpliendo una funcionalidad fiable.

Juzgo la pereza de otros y frente mío pasa todo...

Voy a seguir creando el sueño,
aunque lo busco y todavía no lo encuentro.

Elegiré el sendero angosto
que me dará esperanzas,
felicidad
y se acrecentara la confianza.

Seguiré por el camino elegido,
saltando los abismos sorpresivos,
ayudaré a algún caído tendiéndole la mano,
para llegar a la realidad que he creado.

Colonia Prosperidad, Córdoba, Argentina
2009

Ta pesado

No logro encontrar la plenitud,
no quiero escuchar algunos consejos,
creo saber cómo vivo
y tener claro lo que pienso.

Para el cambio hay opción,
y este es parte del movimiento.
El mismo comienza
cuando uno da el paso primero.

Antes iba por un camino,
que me dio seguridad
y en él me sentí vivo.

Hoy ya no quiero transitar por allí mismo.
Solo porque me llevaban de la mano.

Me estoy soltando...

Me estoy soltando
porque quiero experimentar lo que es caer

levantarme y poder ser,
lo que elija.

Despojaré mis apegos,
cargaré con lo que crea conveniente,
elegiré mi rumbo favorito.

Prefiero caminar vivo a lo incierto.
¡No deambularé muerto!
Que, por miedo a soltar,
mueren en el intento,
los que buscan y persiguen
un destino ajeno.

¿Cómo no me di cuenta de esto primero?
¡Era eso lo que no me permitía ser pleno!
Sentir lo que siento.

Desahogué mi duda y se convirtió
en la respuesta de mis confusiones.

De ahora en adelante
no he de mentirme a mí mismo,
no traicionaré mi corazón,
que este vomite su verdad
y que quite toda resaca que haga mal.

Colonia Prosperidad, Córdoba, Argentina 2009

Desvelado

Desvelado estoy,
pensado en cómo vivir mejor,
buscando la vuelta
sin hallar respuesta.

¿Cuál será la llave de este portón?
¡Quiero ver un camino!
Hace rato que parado estoy.

El dulce misterio me lleva al desvelo,
no quiero vivir solo como soñador,
viviré despierto en mis sueños.

Una decisión debo tomar,
cuánta duda me da...
¿Cómo saber si estoy en lo cierto?
La cabeza no para de trajinar.

Mejor me relajo, todo ha de llegar,
al preciso momento,
si buscas hallarás....
Mientras busque
no pensaré más...

Colonia Prosperidad, Córdoba, Argentina
2007

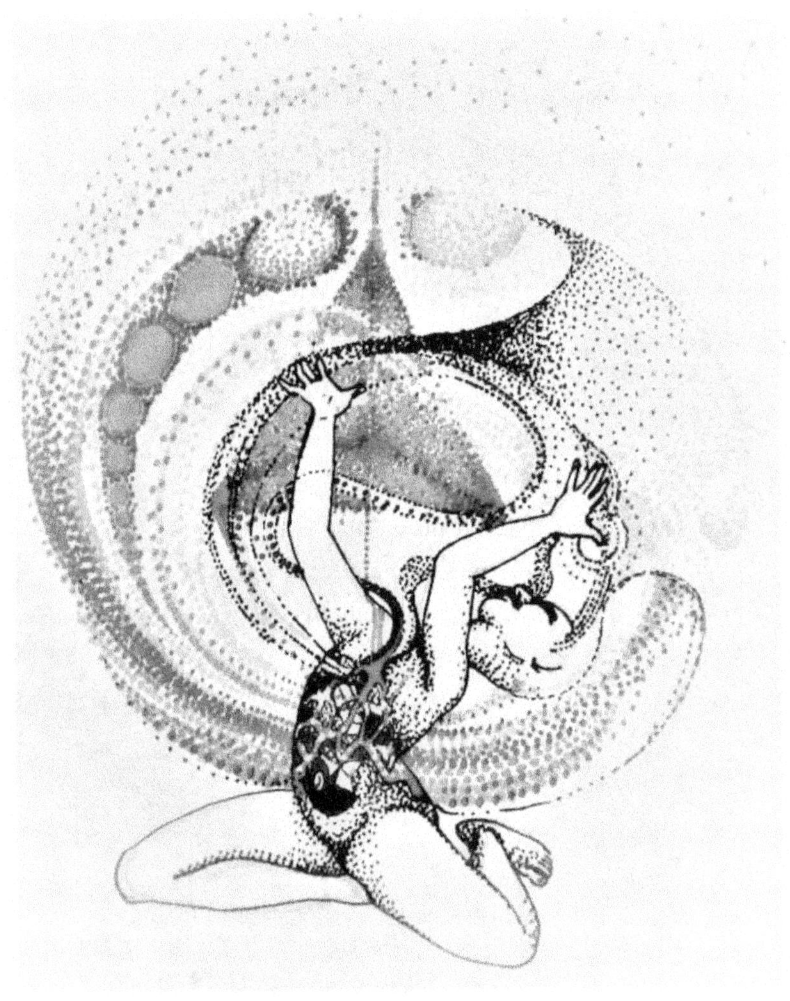

Lo que he creído lo he creado,

Lo que he dicho de alguna forma se ha manifestado.

Ahora soy consciente de mi poder,

de que a la mente la puedo controlar,

y que todo lo que veo por fuera dentro mío está.

No quiero ser el mismo que era,

el cambio es mi esencia.

Yo soy creador de mi realidad y lo puedo comprobar.

Momento de explosión

Llegó el momento de sacar al demonio
y al profeta que llevo adentro,
poniéndome a escribir porque hay cosas
que con mi lengua no quiero decir.
No intentaré agradar y al que no le guste mi pulso,
no lo lamento ya que toda mi vida traté de ser correcto.
No seré tan grosero para que cualquiera
me pueda leer e interpretar
y con todo esto que voy a desahogar
no ha de ser intento a la excepción de personas
y tratando de aclarar que la ira no llega por sí sola.
Hace vidas que vengo observando las faltas sociales
que en días estoy viviendo.
Si tan solo vieras una parte de lo que observo,
entenderías mi rabia
y buscarías, como yo busco por algún medio un consuelo.

En este momento me consuela mandar al carajo
a los que son las trabas para los que están andando
y que esas trabas una a una se vayan quebrando.
Ya se sabe el dicho: "al que le quepa el poncho

que se lo ponga".
Ahora la prenda guardada la saco
para que la vean y quien quiera la use,
no aguanta más tenerla guardada y que por encierro se mofe.
Me cansé de los uniformados etiquetados de justicieros,
molestando a menudo, acomodarse los huevos.
Te paran en la calle, mirándote como si fueras delincuente,
se notifican entre ellos, así otras marionetas
molestan intransigentes.

Para migraciones el trabajo sin permiso es ilegal
y para lograr la labor legal, tendrás que juntar un dineral,
para te legalicen les tendrás que pagar y
si te enganchan trabajando te van a querer deportar.
¡Escuchen, sordos engreídos, necesitamos trabajar para vivir
ya que por ley divina somos dignos!
Seguro estoy que tu deportación es más costosa que mi ración.

Para algunos el valor de la palabra no existe.
Otros dicen ser buscadores de la verdad
y cuando planteas lo que sientes
mirando sus ojos dudan, creen que mientes.
Algunos han de creer
que por las redes virtuales están más conectados
y su conexión sin batería los vuelve muertos,
obsoletos y amargados.

Asumo que en este caso no es buena mi visión,
pero, ¿qué se puede hacer cuando hay indignación?

Si no acatas lo que está dicho,
considerado estás un loco drogadicto
y si sos un delincuente bien vestido, de seguro serás un bendito.

Lo que digo para algunos es atrevido
e irrelevante para su realidad lo que hoy escribo.
La educación que existe se titula reggaetón,
con la infame máscara de conceptos de liberación,
te lo meten por el culo si no lo querés,
violando tus sentidos la maquinaria de la manipulación.
¡Compren porquerías y perreen, niñas,
entreguen su consagración, a cualquier fanfarrón,
con unos billetitos solo para tirarlas a su colchón!
Esto crean los delirantes de la industria de repetición.

El dolor de esta injuria no cesa
y mi perspectiva aún no bosteza,
aunque estoy escribiendo a una luz de vela.

La realidad en algunos casos para mí es esta,
ya que pasa frente mío y es mi experiencia.

Todo está en movimiento y un aspecto del mundo sigue igual,
la rutina, las marionetas, la guerra del bien y el mal,

la fantasía creada y la realidad.
El día llega a su fin y la noche aparecerá,
por más que el día esté con nubes, sabemos que el sol está.

Mis decires en estas palabras no son producto de imaginación,
porque en carne propia he vivido el desprecio y la detención.
Por ser leal a mi visión y andar suelto
algunos prefieren la encarcelación.
No me jodan más solo quiero ser libre en mi experimentación.
¿Por qué siendo el mundo tan grande
existe fronteras y migración,
siendo tan mezcladas las especies
en la supuesta civilización?
Es toda una misma tierra y entran más de dos,
no estorben marionetas sometidos,
verdugos como el sometedor.

Las leyes que estos hacen cumplir
las hizo un grupo que por el barrio no caminó
 y jamás ha probado el sabor de un bocado
salido de un contenedor.
Dicen que viven para su pueblo,
pero parece que no es tan baja su región.
A la ignorancia la alimentan con hambre
y sus estómagos los llenan con la desolación.
Ellos la saludan por el balcón
y cuando escuchan el suplicio de justicia

se hacen los desentendidos,
que nadie la vio
tampoco se la oyó.
Si la coherencia es la que grita,
ahí sí que no pueden ignorar
y la tratan de callar con un motor represor.
Es notable su imitación a una justa ley de constitución,
apoyada por la religiosa institución,
pero al parecer cuando uno vive en distinción
la justicia se disfraza de bufón
e ignora tu coherencia
y, por distinto, la encarcelación.

Chitré, Panamá
Octubre 6 de 2016

¿El cambio?

¿Cómo generar una revolución sin violencia,
si los de arriba nos están dando palos?
Nos detienen por expresarnos en libertad,
y a los que se disfrazan de solidaridad
los premian con millones.
¿No quieren o no se dan cuenta?
¡Detrás de eso, estallan guerras de corrupciones!
Somos lo mismo y nos enseñan la desigualdad
despojando al nativo.

A punta de plomo y mano dura
conquistaron la tierra de la abundancia,
donde sobra la miseria y la economía está dolarizada.
Pelando la selva y el monte para crear trabajo,
mientras los de adentro lloran desconsolados
porque para sus herederos no queda espacio.

Levantan monumentos homenajeando a religiosos
que mataron a millares en nombre de un supuesto dios
que solo se acuerda de los burócratas, violadores y pedófilos.

El Dios del universo es el amor.

      El que nos impusieron es el egoísmo.

El Dios universal regala libertad.

      Ellos enseñaron que castiga y somete.

El Dios eterno abunda para todos.

      El de los religiosos apaña solo a corruptos y estafadores.

El Dios que profeso da albedrío e incentiva el derecho.

      Ellos dicen que si no se hace lo que dicen, irás preso

      porque son dueños de tu lecho.

Mi Dios me inspira a Amar, soñar, leer, creer y crear,

      sabiendo que lo que imaginé puede ser real.

      Ellos en cambio dicen ser dueños de la verdad,

      si no sigues sus reglas

      sos un fracaso que no se puede respirar.

El Dios universal cree en mí

y me anima

diciendo no estoy vivo a menos que vivas susurrándome,

crea tu evolución para ser la revolución.

Colonia Prosperidad, Córdoba, Argentina
2009

Soy tu perro

De tu sí y tú no dependo,
sin importar el resultado de cómo me domesticaste,
y de ninguna manera si estoy así me entretengo.

Me atas a la intemperie, sin beber y sin comer,
¿cuántos como yo hay?
Tenemos hambre y no solo de comida
de amor además.

Piensas y dices que soy libre
decidiendo sobre mí qué hacer,
si me encrespo y ladro
a látigo me has de someter.

Como tus sobras,
te luces conmigo cuando quieres,
si no respondo a tu orden
me humillas y reprendes.

Me educas a que espere,
pretendes someterme,

me acaricias solo cuando quieres,
ya no creo en tu hipocresía de quererme.

Las ideas que piensas,
tu interés en mi reaccionar,
es mediocre tu idea de amar,
es injusto tu juicio al gobernar.

No pienses por mí,
déjame andar suelto,
no quiero que seas mi dueño,
solo libre existir.

Colonia Prosperidad, Córdoba, Argentina
2007

Basta de cuentos que no me chupo el dedo

¿Qué me querés vender
invasor de pensamientos y enfermedad social?
Por mentiras y consumo te regís.
En tu diccionario existe la palabra,
pero no se aplica el derecho.
Por eso para mí,
sos autor del sometimiento,
castigando a los que con vos no jugamos,
prohibiendo el merodeo a la libertad,
a los que buscan abrirle las puertas
los buscas enjaular.
Transversas la astucia de los niños
y a los adolescentes los manipulás.
A los que buscan echar alas
con asechanzas se las cortás.
Si no queremos entrar a tu juego,
nos obligas a punta de plomo,
medios informativos, insumos elevados,
presión que a algunos
les da un poco de miedo.

Políticas absurdas y empresariales
son las que te alimentan,
aplastando familias y vendiendo esas tierras.
Campañas de mentiras
respaldadas por impuestos,
La salud es a cuesta de planes fármacos
y hospitales homogéneos.
Si querés disfrutar de un paisaje y su aire,
el boletero va a pasar
porque para cuidar el interés del dueño...
Para vos la pobreza es un chicle,
la ignorancia alimenta tu ego,
trabajando ocho horas no alcanza,
y con las horas extra solo se llena de aire la panza.
Sistema,
tu método para mí es una fábula con fuerza,
reconozco y entiendo.
Pero tu mentira no creo
soy rebelión y a vos te desmiento.

San Francisco, Córdoba, Argentina
Agosto 8 de 2011

¡Ay de los pueblos!

Conquistaron la tierra que por derecho natural heredaron.
Torturando, matando y violando,
niñas, niños, mujeres y varones.
Sometieron a los hijos de la tierra,
los que hoy por ella reclaman libertad.
Y a fuerza oficial, disfrazada de derecho,
con esa legalidad les bajaron los dientes.
La sangre por justicia clama,
no es que quieran venganza,
el dinero no es lo que les importa
labrar la tierra con amor alcanza.

Para esa esencia no hay color ni género
somos especie, no clases y razas.
Se agradece al supremo Dios de luz,
piden y cuidan a la Pachamama,
valoran sin cotización la vida y la cultura
las que ladrones les arrancan...

Son corruptos y estafadores
pretenden apoderarse a fuerza

de monstruos demoledores.
Son vampiros,
la luz les molesta,
andan y viven de noche
no se ensucian,
manejan demonios
que se hacen llamar hombres.
Saben muy bien mentir,
son hábiles para exprimir
sin sentir jamás ganas de retribuir.
Quieren civilizar con ignorancia y pavimento,
solo así escucharán el eco del lamento.
No dejan crecer a nadie y a nada,
no permiten comer saludable,
sectorizan privatizando el desarrollo
así no se podrán defender.

Los impíos cree que los originario son mulas,
porque en sus lomos cargan un gran peso
sin importarles si ellos lo quieren llevar o no,
total, se lo van a imponer.
Les regalan juguetes chinos,
les enseñan en inglés,
son presas de la arrogancia que los abusó,
que les mintió conquistándolos ayer.

Colonia Prosperidad, Córdoba, Argentina
Octubre 5 de 2011

Ahí yo también quiero estar

Donde la libertad sea ilegal y la miseria sea un negocio,
con vos quiero estar para que mi voz sirva de apoyo.
Para que tu trabajo no sea cavar tu propio hoyo,
que tus propuestas, tus salarios sean dignos y provechosos.
Por detrás de nosotros viene un nuevo mundo,
uno que ya no es más el mismo.
¡No somos un montón de mugre!
¡Intentan desplazarnos como si no valiéramos nada,
y sin estas manos ellos se vuelven la miseria!
¿Llegará el día en que se pueda abrir los ojos
y ver que no habitamos solos?
Burocracia política que enrosca con mentiras,
vividores nefastos que ríen con ironía,
diferencias por creencias que son causas de muchas agonías.
Se sufre el abandono después del destierro,
el tiempo no alcanza y hay toda una vida.
Es notable que no vivimos de igual a igual,
pero la ignorancia no tiene clase social.
Desinformación y noticias amarillentas,
con plebeyos zánganos y plebeyas perras.

El negocio de hoy, "el populista".
Sexo infame, inseguridad y discriminación, inclusión,
¡Por favor,
ya es suficiente con esta supuesta civilización!
Con promesas nos quieren callar,
con falsos argumentos intentan armar un efímero cuadro.
"Si no lo querés es mejor que te hagas a un lado".
Este es mi mundo, soy su honor,
la libertad y dignidad la merecemos todos,
por nuestra causa digo esto hoy.

Colonia Prosperidad, Córdoba, Argentina
Septiembre 20 de 2011

Cansado de contradicciones

Me he cansado de tantas palabras.
Solo decir y no actuar es una enfermedad propagada.
Me cansé de represalias y dictadores,
con películas mediáticas y la grasa de sus actores.
Me cansé de las excusas y el proceso de sus formaciones
para tener razón de lo que solo se supone.
Me cansé de los anarcos-defensores
      del machismo y las perversiones,
del rencor disfrazado de feminismo
y sus nuevas imposiciones.
Me cansé de las creencias que causan divisiones,
por géneros, partidos o religiones
con sus comportamientos fanáticos y manipulaciones.
Me cansé de sentir orgullo y
su maldito apego a ideales y banderas.
Me cansé de creer que lo que dicen es lo que es
y de que se culpe a la fe,
mezclándola con las instituciones.
Me cansé de que el amor requiera papeles y negociaciones,
      de tanta burocracia y sus violaciones.

Me cansé de audios y mensajes de texto solo diciendo
y pocas miradas a los ojos a quien está al lado
y que se crea amigo solo por haber intercambiado contacto
y que el que está al lado sea ignorado.
Cansado de tener que saludar solo por modales
y de sonreír sin sentirlo.
Cansado de tener que obedecer patrones
y aguantar humillaciones.
Harto de tener que presentar papeles
a marionetas de bocones.
De odiar a otros por no mirar del lado que yo miro
y tirar la piedra escondiendo la mano,
acusando sin conocer las causas de las acciones.
Cansado de creer que soy mejor y otros peores.
De creer que los cambios son de a montones
y olvidar que no hay cambio si en lo personal soy mediocre.
De desear la paz en el mundo
cuando no lo puedo aceptar como es,
de enojarme con los demás cuando no ven lo que creo que es.
De reírme a costillas de los defectos de otros
y de regirme por morales inculcadas por ortodoxos.
De creer que lo que yo no creo no puede ser,
pensando que está loco el que cree en lo que no ve.
Me cansé de los artistas que compiten por galardones
y de los que critican a los que ganan millones.
Me he cansado de creer que solo con dinero
se efectúen cambios

y de que cuando se logra tener dinero y alguien pide,
mirar a otro lado.
Me cansé de creer que determinó el futuro y así no avanzo.
De creer que puede existir bueno, sin malo,
patria sin políticas y sus partidos sin afiliados.
Me he cansado de creer que no roban
algunos gremios empoderados,
y de querer intermediar entre perros y gatos.
De creer que la miseria solo se viste de trapo,
sin aceptar que se disfraza de traje negro y tonos blancos.
Me cansé de los falsos humildes
que mienten para ganar un trato,
de creer que solo en el gueto existe la delincuencia y el tráfico.
De creer que las leyes no tienen trampas
y que la justicia es la venganza.
Me cansé de pensar en por qué no reaccionan.
De creer que si no me aceptan son mis enemigos
y que si desaparezco soy un cobarde.
Me cansé de creer que si no me defiendo soy sumiso,
de pensar que el que más sabe es el que más dice
y suponer que van a escuchar si siempre grito.
Cansado estoy de creer que tengo experiencia
por decir lo que está escrito
sin poner en acción lo que he aprendido.
Ya no creo que valen más muchos guerreros,
creo que son más efectivos pocos bien instruidos.
Me cansé de creer que muchas voces

van a decir bien claro lo preciso
que una buena acción tiene que ser reconocida por todos.
Harto estoy de creer que mi acción y mi pensar
valen más que el amor de muchos corazones.
Que el arte profundiza y equilibra
más que el amor por el deporte u otros factores.
Si dijera de todo lo que me ha cansado,
no alcanzaría la tinta que todavía no he usado.
Ya basta de palabras y oraciones,
pensando mancomunadamente suposiciones
y haciéndome cargo de aletargadas acusaciones.
Me cansé de ser lo que no quiero ser.

Cuesta Blanca, Córdoba, Argentina
Agosto de 2018

Realidad en mi sueño

Caí dormido y en total despojo
de mi alrededor.
El sueño de mí se apoderó
mostrándome una realidad
conformada por metáforas.
Quedé atónito,
como cuando conocí el mar y su fuerza,
viendo cómo golpeaban las olas
contra la escollera
y cómo esa temible fuerza
se volvía abrazo para las piedras,
acariciando al final la arena,
maquillando la playa una espuma lenta,
junto a restos de maderas,
esculpidos por la marea.

Yo estaba jugando en mis sueños
como un niño en la hierba,
curioso,
sin preocupación en una pradera.

En un repentino momento
brotaba un palacio oscuro
desde la entraña de la tierra.
De allí salían sonidos y aromas
que llegaban hasta mí,
envolviéndome todo el cuerpo,
flotando por el aire,
para su naciente fui.
Una vez que estuve inmerso ahí
observé el principio y descubrí el fin.

En el comienzo todo lo que se movía
eran sombras,
reflejaban risas, tragos y frenesí.
Una de esas sombras
tomó forma ante mí
estirando cordialmente la mano
con ademanes para que entrara.
Una vez ya sumergido en ese mundo
lo que te cuento vi:

Vi bajar por una escalera sirenas
de su escamosa piel manaban perfumes
de afrodisíacas hierbas.
Por el pasillo que llevaba a esta escalera,
algunas de ellas se entregaban a imágenes
de blancas piedras.

Sacudían su polvo,
quedando de estas envueltas.
Me estremecí al ver
cómo se hacían piedras
y mirando a otro lado
encaré otra escalera.
De esa misma bajaban
momias chorreantes de babas con doncellas
esclavas que limpiaban sus bocas con finas telas.
Las humedades entre las piernas lamían
y todo alrededor de mí acontecía.
Para ellos yo no existía,
era otra realidad en una rivalidad.

Al querer huir de ese tenebroso lugar,
busqué una puerta que tenía harapo de tela,
al cruzar divisé un salón
lleno de luces tenues y rugientes,
el salón se decoraba con otras estatuas
y contra las paredes estaban apoyadas.
Una cuenca en una mano llena de un líquido raro,
en la otra una vela encendida y olorienta.
Estas solo ojeaban y murmuraban
algo que no se escuchaba,
Otros asentían con la cabeza.
En ellas no se definía color
y solo se movían en formas circulares

cada vez que un grupo de lobas
pasaba en manada.
Ellos trataban de encerrarlas
poniendo los cuencos frente a ellas,
algunas bebían desesperadas,
mientras otras ladeaban y jugaban.

En el mismo lugar piratas y marineros
a sirenas, doncellas y lobas acechaban,
trataban de cazarlas y algunos lo lograban,
otros ignorados quedaban transformados en estatuas.
En el centro del salón a lo alto un gavilán miraba,
vacilaba mientras arlequines con ojos cerrados bailaban,
y el canto era tan fuerte que nada se escuchaba.
Estos arlequines de todos se burlaban.
El espacio se reducía saturado por figuras extrañas
y distintas marionetas entre ellas se empujaban,
se reían y palmeaban, daban media vuelta y lloraban.
En un momento parecía un circo
donde equilibristas llevaban grandes cargas
con cuecas llenas de cosas
algunos de ellos tropezaban
se caían porque llevaban encima
más del peso que soportaban.
Cuando el equilibrio perdían,
el peso de la carga los aplastaba
y ellos desaparecían.

Entonces todo se tornó oscuro y pantanoso,
las figuras descriptas,
todas quedaron atrapadas,
solo se veían las puertas alrededor del pantano
algunas de ellas abiertas y la mayoría cerradas,
no existían ventanas.

En las puertas que estaban cerradas
se oían gritos desgarrados de socorro,
en las abiertas nadie salía ni entraba,
ni siquiera luz se asomaba.
Todo ruido y sonido se convirtió en murmullo
y ese todo era realmente confuso.

Todos los espacios que recorrí se volvieron
un profundo pozo ciego
y desde arriba muchas sombras caían.
Al borde de la boca del pozo
esclavos sujetos a uniformes de fuerza
sus rostros vacíos de complacencia
y en sus ojos tristes carecía la esencia.
En los costados de sus cinturas colgaban
firmemente amarradas la intolerancia y la consecuencia,
con terquedad e impotencia.
De sus pechos florecían dorados carteles,
con la descripción de "marioneta insolente",
y esa inscripción era evidente, todo el mundo la veía.

Algunos los aplaudían, otros los agredían,
muchos los ignoraban, pero no le apartaban la vista.

A mí me ganó la tristeza a
l ver esas insípidas e inherentes marionetas
frías, sin vida.
Unas de ellas me señalabas desde arriba
y con rabia al lodo se sumergían.
Yo podía moverme por más pantano que existía,
prefiriendo tratar de distraerme de esas secuencias retraídas,
sumergidas, deprimidas.
En mi trepada hacia la superficie de ese gran pozo
veía agarradas contra la pared carabelas
con trasparentes desgastadas máscaras
de muy finas tallas.
Me sorprendí al ver bufones
que de ellos reían,
porque las máscaras se les caían,
y los mismos bufones riendo se las ponían,
algunos de estos se las comían
y mucho, mucho más se burlaban y reían.
Las carabelas al ver
que no podían hacer nada
para ocultase de su desdicha
se entristecían, estremecían
y al pozo oscuro caían.
Yo, ya cansado de ver tanta desdicha,

seguí trepando hacia la cima,
quería que todo desaparezca de mi vista.
En eso una nube descendió
y todo un caos se volvió.
A lo lejos en una montaña yo me encontraba
viendo cómo todo transcurría,
Aunque les gritaba, nadie oía.
El grito tan fuerte era que todo se destruía,
entre quejidos y alboroto la secuencia era aún más sombría.
En otra cima vi un campanario con dos grandes campanas
entre ellas chocaban con gran fuerza sombría.
El tumulto atónito quedaba cuando resonaban,
cuando se separaban la crisis continuaba.
Todos se transformaban en rarezas,
las doncellas en viejas bandoleras
y las momias en ratas.
Las sirenas en grandes bestias
que a las estatuas devoraban,
los arlequines y marionetas
en moscas verdes, murciélagos y cucarachas.
La nube que había bajado ya no estaba, pero el caos continuaba.
Los chillidos en el eco se mezclaban
con el tañido rugiente de las campanas.

Todo se apagaba y se volvía un cementerio,
en el pórtico del mismo las marionetas inertes
que al principio del relato estaban

no cambiaban
ellas eran lo mismo.
Corrí a preguntarles si era real lo que había vivido,
temerosas cerraron los ojos,
negando juntas en un militar grito.
Miré para adentro del cementerio,
divisando cerdos vestidos muy finos,
osando en las tumbas de algunos muertos
conmemorativos.

No había más nada que lo último descripto,
me di media vuelta y me fui por un angosto camino.
Al despertar largué un suspiro
y la voz de mi razón me dijo que escriba
lo que acá está descripto.

Colonia Prosperidad, Córdoba, Argentina

2012

Señor patrón

Discúlpeme, patrón, sé que suelo ser bruto,
pero le advierto, no se crea tan astuto
ante la diferencia por falta de vocablo
o la prudencia para decir algo.
Para mí es inútil la cuestión de estatus,
que a pocos le hace erguir el cogote
y a muchos bajar la cabeza.
Espero que ni se le cruce por los sesos
que mi diferente hablar es de barrera
para poner en la lengua la rabia
que muchos sienten y mi razón le comenta.
Usted está de mala
y como a tropilla nos grita y nos manda,
mientras que nosotros somos los que ponemos el lomo,
con la lengua seca para que usted sume número
solo a su cuenta.
Venga, patrón,
a caminar con la peonada y no trabaje,
solo ponga atención a lo que mi voz le cuenta.
Permítame decirle que parece ladino
opinando desde afuera.

Ya se me está inflamando la mollera
por tanto maquineo y no le voy decir.
Mas, señor patrón, por qué al cabo del fin de jornada,
se olvida del morlaco y nos llena de peros
y no se ensucia las patas,
por qué el último modelo de pickup
es el que hasta acá lo arrastra.
No le duelen las chuncas por montar un potro,
y no le suda el traste ya que tiene el aire acondicionado
y está cómodo mirándonos cómo sudamos
Yo estoy diciendo lo que piensa la peonada
y como no me tiembla el garguero pa decir,
soy el que por ellos habla.
La esperanza se alarga igual que la fecha del mal pago
y no quiero que entre nosotros dos
hagamos un trato con un simple trago,
quiero que me responda lo que los trabajadores comentan.
Mire que la cuenta del almacén aumenta, el mensual se reduce
y los pichones por el dolor de las tripas se revuelcan.
No justifique su retraso que tenemos ojos y vemos
cómo cuenta en el pueblo los morlacos
y qué bien empilchado anda y vive de fiesta.
Al fin y al cabo, nosotros mantenemos la hacienda
y cultivamos la tierra,
No cacaree echando la culpa a los gastos
y si no le alcanza ponga prudencia
y sude con nosotros por su tierra.

El pichón no entiende que no se cazó ni una presa

y no saque pecho que si decidimos basta

es porque se nos jue la paciencia.

La ñora está cansada de puchero de hueso

y el caldo ya no es querencia,

los huevos se fueron en la tortilla

y la ponedora fue parte de la faena.

Mire, José, ponga un pie en mi lugar, ya no lo voy a defender,

la cuadrilla lo quiere linchar.

Solo quiero lo acordado y volvemos a trabajar.

Lo que le voy a decir no es amenaza,

pero si no hay paga lo vamos a saquear.

Recuerde que de lo que usted guarda,

a la parca no le va a interesar.

No me mire de altanero que, si estoy más abajo,

a mi altura lo voy rebajar.

Cuidado que con las manos

que usted suma números en el banco,

esas mismas lo pueden achurar.

No me mire amenazante y no se haga el ofendido,

le advierto que sin peonada usted pierde,

porque deja de acumular.

No se haga el desentendido, que yo puedo ser ignorante,

pero a la realidad nadie se le hace el distraído.

Mamey, Sierra de Santa Marta, Colombia
Julio de 2018

Los sueños no son ni para conquistarlos,
ni para perseguirlos,
solo son para vivirlos.

No te aferres

No te aferres solo a esta vida,
a pesar de que es la única teoría a ciencia cierta
respaldada por sí misma.
Aun así, no te aferres.

Si crees que todo puede ser, créelo,
pero no te aferres,
porque el desprenderse es parte de que
"todo puede ser".

Si sientes que alguien te da felicidad, está bien,
pero no te aferres a alguien,
porque si ese ser que tiene tu felicidad se va,
¿qué será de tu vida?

Si haces lo que amas, sigue en esa dirección
y si ya no amas lo que haces,
no te aferres,
los cambios son parte de amar.

Si compartes un sueño o un pensar, ¡fantástico!

Pero no te aferres a ese ideal,
no olvides que mutas para crecer
y que el insomnio arrebata el sueño.
Si crees que vas por buen camino,
adelante, avanza,
pero no te aferres a una sola dirección
porque los caminos bifurcan.
Escucha y escúchate,
pero no te aferres a las teorías y a las suposiciones,
observa los puntos de vista y no te aferres.

Cree, créate, ama y ámate
recuerda que estos puntos
no están aferrados a un solo criterio,
son libertades infinitas,
por eso no te aferres...

No busques las diferencias que solas aparecen,
aunque por ellas es que conformamos parte del todo,
y cada uno conforma las diferencias.
Por esas partes que conforman toda esta vida
que algunos llaman Dios,
otros universos, cosmos, suerte,
y con infinidad de nombres y teorías
te pido que no te aferres.

Cuesta Blanca, Córdoba, Argentina
Agosto de 2018

Nueva generación

Vos, generación, portadora del mensaje de una nueva razón,
razón que intentan anula con desazón idealista
para así machacar nuestras ideas como si no pudieran ser reales.
A vos, pintor, escultor, escritor, artesano, músico, malabarista,
a ustedes y a todas las ramas
de este omnipotente mundo árbol de verdades,
el cual no todos pueden y no todos quieren ver.
¡Ponte en pie y grita con tu espíritu!
Que tus armas más poderosas sean el ingenio y su voz,
que tu escudo sean el conocimiento, la experiencia, el libro...
¡Rompe con las cadenas que te ataron!
Sal de la jaula en la que te entramparon
por la inocencia y pureza de ser un niño...
Te dijeron qué es lo que había,
que no sueñes con volar sin alas porque eso es imposible.
Te dijeron que no se podía dejar de ser títere
de las bocas grandes,
esas que mueven las piezas para decir: ¡yo estoy arriba!
Que alguien explique,
¿qué tiene que ver la burocracia con la cultura
y la política popular?

¿la fama, el dinero, con el éxito, el amor y la felicidad?

No creamos más los cuentos que dicen

que por la seguridad velan.

Si entran en las casas y merodean por las calles

para que los vean,

alardean y balbucean cosas que les corresponden hacer

y no hacen,

total, los protege un título o una caja negra.

Es la hora y el día en el que actuemos con libertad verdadera,

lo pasado pasó, seamos los creadores de una historia nueva.

Busca tu sentido de ser, con convicción y fe.

Sé curioso y pregunta, que todo tiene un por qué.

Hay algo más allá de los ojos, cuestiona que no estás solo,

no tengas miedo a lo que somos.

Somos el reflejo de un nuevo mundo

y cuando te señalan es porque te vieron,

no te bajonees,

es muy difícil mirar y entender el propósito de la nada,

para aquellos que no viven más que por el miedo.

¡Escuchen sectarismos idealistas y religiosos!

Generadores de divisiones, poder ostentoso.

Vemos, creemos, sentimos, sabemos

que somos los cimientos de un mundo nuevo,

porque hay una sana intención

junto a un nuevo pensamiento.

Colonia Prosperidad, Córdoba, Argentina

2009

Para mí, para vos

No te calles,
tu voz puede ser la voz de los que a su valentía cautivaron,
la voz de los que callaron su libertad,
la voz de los que no creen que su nombre
se escriba con mayúscula,
la voz de los que ya no pueden tan solo con humildad.

No permitas que levanten la mano dura contra vos,
y no dejes que anulen tu pensar,
no seas esclavo de nada y de nadie,
no se compra la felicidad.
Para ella no sirve el verde en un papel,
tampoco le vale contarlos de cien en cien.

No enjaules tus sueños,
déjalos volar como libres pájaros en el cielo.
Si te apuñalan, perdónalos,
ellos solos se condenaron,
vos sé libre,
que el orgullo no te pueda,
porque el perdón te redime.

No esperes la suerte,
a ella la elige tu mente,
no dejes siempre tu brazo torcer,
sé astuto,
como hoja al viento vive.

Colonia Prosperidad, Córdoba, Argentina
2008

El momento de mi eternidad

El día que la muerte me quite el palpitar,
para llevarme por sus misteriosos caminos,
no quiero que expongan mi cuerpo en un cajón frío
y exhibidor.
En lugar de eso quisiera que la murga suene
y copleen los versos de mi puño cerrado
que agarró y soltó al sentimiento dibujándolo en letras
y que la polvareda se levante
en los ritmos de la salsa, el rock y la chacarera.
Quiero que se comparta una comida popular
y que en memoria a lo que fue mi vida
suenen los tañidos de las copas
con jugos de frutas, buen vino, cerveza artesanal.
El día que mi cuerpo quede eternamente dormido,
deseo que lo envuelvan las llamas de un gran fuego,
con yuyos aromáticos de las sierras,
albahaca, acacia, palo santo, chañar y algarrobo,
para que en cada chispa que encienda un recuerdo,
broten risas de fogones
y esos remembranzas sean tan sabrosas como cada bocado,
cada trago, cada abrazo y cada beso compartidos.

Y así podrá cantar, en su silencio
el suplicio embebido de rezos.
Pido que en la despedida eterna que prepare mi regreso
no quede vacío,
sino que en la pausa del adiós que siempre queda,
se rebocen las alegrías y los deseos compungidos.
Porque... ¿quién no llora una despedida
y quien no ríe por recuerdos?
Que ese día los niños puedan reír, jugar y gritar ruego
para que pueda resucitar en las travesuras
y así conocer las andanzas que formaron mi historia.
Que ese día los mayores no los retengan silentes ante un cuerpo
que no responde, no escucha, no mira, no habla y no siente.
Lo que prefiero es que sus voces suenen más fuertes
que el llanto del dolor, agudo ronquido.
Sueño que los cantores y las guitarras se fundan
con el color del alba
y la melodía de los pájaros den calor y desplieguen
junto a ellas mis alas.
Que suenen y suenen las canciones
en el descanso mudo de la noche
y en el tumbado del tambor lata el pulso de mi corazón
sin importar que más de una vez se hubiera roto.
Que cada flor que me regaló su aroma no muera seca,
sino que renazca su fuerza para bailar
con la brisa de mis poesías,
humedecer su raíz con las gotas que brotaron de mis ojos,
pero nacieron de la vertiente de mi pecho.

Me gustaría que cada una de esas flores abra sus pétalos a la luz
que da el calor que solo se siente cuando te aman.
Y si parto antes que mis amigos, cuando estos se abracen,
no se pregunten ¿por qué se fue?
Que su afirmación sea: ahora sí llegó.
No me gustaría que se poden las flores
para una corona que no tiene rey,
ni que las compren.
Quiero en cambio que se siembren jardines frutales y florales
en conmemoración al amor por la vida.
Quiero que mis cenizas se entreguen en la cima de un cerro,
al viento vuelen como lo hice yo,
otra parte de mi polvo sea el abono de la tierra
en la que dé alimento.
Quiero que mis allegados no me retengan en lamentos,
porque para mí no hay pena más grande que el odio y el rencor
que no nos deja ser libres y amarnos.
Deseo no desear más que,
cuando la parca venga a cerrar mis ojos,
me haga cosquillas así los cerraré con una sonrisa
y caminaré alegre al misterio que hay detrás.
Espero que no quede el triste eco de la muerte,
en el corazón de quien me añore,
sino que mi recuerdo genere reacción en la acción
de cada corazón que me nombre.

Icho Cruz, Córdoba, Argentina
Febrero de 2018

Agradecido

Gracias por el momento que estoy viviendo
y el entorno en el cual voy mutando,
creciendo y aprendiendo.
Gracias por mis raíces y sus extensiones
que a pesar de que estén lejos de mi copa
son parte de todo este cuerpo.
Gracias porque muchas cosas
parecen estar quietas a simple vista,
pero yo sé que hasta las moléculas de las piedras
se están moviendo.
Gracias por la conciencia que estoy sintiendo
y que por la ciencia de las cosas entendí que no muero,
solo mi presencia se desvanece
para transformarse en algo nuevo.
Gracias por la voluntad impulsiva
de agradecer cada vez que lo siento,
para que cada Gracia sea cierta
en la acción de su propio verbo.
Gracias por la conciencia de sentirme vivo
y la convicción de que por voluntad
puedo entender lo que muchos creen que no es cierto

pero sabiendo que todo lo que el universo sabe
ya existía en lo desconocido y solo buscando en el misterio
se entiende lo que ya está advertido.
Gracias por el albedrio de la existencia
que experiencia la creencia del ser supremo
que en todas las cosas está vivo.
Gracias por ser parte de lo que se desecha,
porque al final se recicla
y se vuelve otra forma en diversa materia
para así mostrar al activo la manifestación de la creencia.
Gracias porque el misterio es espíritu
y ese espíritu despierta la curiosidad a la filosofía,
que se vuelve alquimia y ciencia.
Gracias porque cada pregunta no es carente de respuestas
mientras que unos las buscan, otros las expresan.
Y a pesar de que el sentir es el que en este momento
se manifiesta,
no quiero olvidar agradecer por el Amor
que abunda en la magnificencia de la trascendencia.
Gracias porque me puedo ver por dentro y por fuera.
Gracias por las tecnologías,
sin olvidar bendecir la manifestación de la inteligencia naciente
de las mentes de los alquimistas,
científicos de la ciencia, artistas
y todas las manos que pusieron por obra
esas magníficas e infinitas ideas.
Gracias porque el tiempo es eterno
y se logra fraccionar una parte de esa regla

en días de historias hipotéticas,

llenas de soles y lunas, sangre y nacimiento,

todo bajo el manto de las nubes y las estrellas.

Gracias por el fluir de las aguas

y toda la bendición que nos da de alimento,

gracias porque en el agua se ve mi reflejo

y todos estamos conformados por parte de ella

y nos transforma en inminentes espejos.

Gracias porque cuando abro los ojos veo

y los que no pueden ver afuera

aprenden a ver el paisaje creado por dentro.

Gracias porque solo en la oscuridad se manifiesta la luz

y porque no hace falta ver para creer

y porque de eso se alimenta toda mi creencia.

Gracias por la tierra y sus partículas,

por el elemento fuego

cuya esencia transformadora nos ilumina,

por el viento que flamea trayendo historias y silencio,

bailando con las aves y llevando por las corrientes los recuerdos.

Gracias porque se complementan los cuatro elementos

y hacen brotar la vida en todo aspecto

y en un sinfín de increíbles formas y fragmentos.

Gracias por el dinero que trasforma en placeres algunos deseos,

algunos pensamientos en manifiestos,

algunas tristezas en alegrías

y una parte de nuestro interior según como se administra.

Gracias por el trabajo que dignifica

y que por hacer lo que amo no cosecharé más que dicha.

Gracias por la compañía de cada día
que me regala alegóricamente alegría.
Gracias porque en la amistad no existe letanías,
condiciones e intenciones dañinas.
Gracias porque para amar no hay género,
no hay sexo, no hay papeles no hay materia
y es manifestación sincera y no altanería.
Gracias por la abundancia que creamos y vemos
y por el equilibrio de la sabiduría
que habita en el solitario silencio.
Gracias por la acción de la inteligencia, por crear y trasformar.
Por ser principio y final, por ser Amor y felicidad,
por manifestar la paz en la real libertad.
Agradecido estoy por estar acá,
haber viajado allá
y por los caminos que no anduve aún
y por aquellos que no he de pisar.
Agradezco por la música,
sus músicos, los instrumentos y melodías,
porque es infinita y trascendente
de toda lengua y filosofía.
Gracias por la lutería y los ejecutores instrumentistas,
por el canto mudo y sonoro, por la escucha auditiva,
Por el poeta y el bailarín, el pintor y el escultor,
el carpintero y el constructor.
Por la fuerza de la palabra
y por elegirme canal de una voz
que habla por otros hoy.

Gracias por los amigos,
la familia que está en mi alrededor
sin importar las distancias y las creencias,
la búsqueda y la postergación.
Gracias porque se puede elegir creer y crear,
caminar o no avanzar,
cambiar o seguir igual,
ser sincero, crear fantasías y hacerlas realidad.
Gracias por cada factor que me compone externo e interno.
Gracias porque de desde ahora
soy un ser nuevo
y no vuelvo atrás porque puedo elegir
que solo sea hacia el paso de mi tiempo.
Gracias.

Cali, Colombia
Septiembre 12 de 2019

ÍNDICE

www.ingramcontent.com/pod-product-compliance
Lightning Source LLC
Chambersburg PA
CBHW061510120726
48001CB00004B/1280